杭州，1938

海外档案中的日军侵华罪证

杭州市档案馆 —— 编

周东华 —— 编校
孙炜 —— 译

浙江古籍出版社

编委会名单

周东华　杭州师范大学　　　王　涛　杭州市档案馆
　　　　　　　　　　　　　毛贤广　杭州市档案馆
孙　炜　杭州师范大学　　　付　陵　杭州市档案馆

序　言

　　2015年7月30日，习近平总书记在十八届中央政治局第二十五次集体学习时强调："同中国人民抗日战争的历史地位和历史意义相比，同这场战争对中华民族和世界的影响相比，我们的抗战研究还远远不够，要继续进行深入系统的研究……抗战研究要深入，就要更多通过档案、资料、事实、当事人证词等各种人证、物证来说话。要加强资料收集和整理这一基础性工作，全面整理我国各地抗战档案、照片、资料、实物等，同时要面向全球征集影像资料、图书报刊、日记信件、实物等。要做好战争亲历者头脑中活资料的收集工作，抓紧组织开展实地考察和寻访，尽量掌握第一手材料。""要坚持用唯物史观来认识和记述历史，把历史结论建立在翔实准确的史料支撑和深入细致的研究分析的基础之上。"[1] 在习近平总书记这一讲话精神指引下，从2015年开始，杭州师范大学浙江省民国浙江史研究中心与杭州市档案馆、浙江古籍出版社等合作，开展全球范围馆藏杭州抗战档案文献的征集、翻译、研究与出版工作。呈现于各位读者面前的这部《杭州，1938：海外档案中的日军侵华罪证》，便是这项工作的成果之一。

　　钱塘自古繁华，乃中西文化交流重镇。元代景教传入杭州，在

---

[1] 习近平：《让历史说话用史实发言　深入开展中国人民抗日战争研究》，《人民日报》2015年8月1日，第1版。

清泰门建有寺院；天主教方面，方济各会亦有会士游历至杭城活动。明清时期，杭州甚至成为天主教在江南传播的中心点。鸦片战争后，基督教凭借条约特权渐次传至杭州。天主教和基督教来华根本目的是传教。明代利玛窦传教时倡导"穿儒服"，向官员儒生传教，成效平平。鸦片战争后基督新教入华，一改利玛窦规矩，通过创办学校、医院和育婴堂等教育事业、医疗事业和慈善事业来传教。杭州也一样。晚清时期，杭州依托英国圣公会创办广济医院，依托美北浸礼会创办蕙兰中学和跨宗派之弘道女中等，加上海关洋员和商业人士，杭州的外侨群体开始形成。及至基督教男女青年会和法国天主教仁爱医院（圣心医院）创办，以及亚细亚火油公司等在杭州开设办事处，一个汇集医生、教师、牧师、修女、专员、商人等多种职业身份的外侨群体基本定型。他们在吴山脚下、马市街和天水桥一带居住，进行医疗、教育、商务和传教活动。

抗日战争全面爆发后，日军在侵占沦陷区主要城市时，犯下诸种暴行。日军施暴的对象，有手无寸铁的中国民众，亦有滞留当地的外侨。面对侵华日军的暴行，以传教士为主的外侨，一方面以他们手中的相机和笔为武器，记录和揭发日军的残暴；另一方面，凭借外交特权，给予无助的中国民众力所能及的庇护。在华外国人记录日军暴行的日记、书信、报告、照片等等，数量非常庞大。其中，少数书信和报告刊载在当时上海的外文报刊，欧美各国驻华记者的文章发表于各自任职的报刊如《纽约时报》《泰晤士报》等，除此之外，能够像田伯烈（Harold John Timperley）这样于1937年底亲赴南京调研，回到上海后将贝德士（Miner Searle Bates）等在南京外国人记录的侵华日军南京大屠杀证据整理汇编，并于1938年6

月在英国和美国同时出版的,少之又少。绝大部分原始文献,至今沉睡于外国人派遣来华的机构、组织、社会团体,甚至家族私藏中,静待中国学者查阅、整理、研究、出版。

1937年8月13日,淞沪抗战正式打响。8月14日,杭州上空迎来第一场空战。杭州军民以笕桥空军直接参战,浙江省政府、杭州市政府、英国圣公会杭州广济医院、杭州基督教青年会等以参与伤兵难民救济等方式加入淞沪抗战。广济医院院长苏达立(Stephen Douglas Sturton)回忆称:"第一天晚上,就有在空袭中受伤的飞行员被送到我们医院。不久,受伤的中国士兵开始陆续从上海战场由火车运达。一天,我们接到通知,要求准备在下午3点接收35个重伤员,但到了下午4点,送进来的重伤员竟然超过60人。医生、护士、配药员、行政人员将加床推进病房,冒着盛夏的高温为伤员清洗、喂食、换衣服、包扎伤口,而在此之前,伤员们在转移的4天当中一直处于无人照料的状态。人们意识到中国医务人员竭尽所能的决心。"[1]

除了伤兵,上海及近郊难民也开始往杭州"逃难",日军航空队对沪杭交通线的空袭,造成了难民的伤亡。之江大学的明思德(Robert Johnsom McMullen)于1937年8月底9月初从上海回杭州,他在9月9日的信件中记录了在上海目睹极司菲尔路被日军航空队空袭,造成60名平民死亡,上海南站聚集了大量逃难的难民,当火车行驶到松江时,一段铁路被日军空袭炸毁,他被迫步行转乘,沿

---

[1] Stephen Douglas Sturton, *From Mission Hospital to Concentration Camp*, London and Edinburgh: Marshall, Morgan & Scott, 1948, p.58.

着沪杭线逃往杭城的经历。[1] 一时间杭州聚集了大批难民,"苦海求生"的难民亟需救济。

1937年12月24日杭州沦陷前,城里的难民救济由政府和社会团体承担,其中政府主导的救济活动主要发生在1937年11月底前,该时期杭州的伤兵和难民救济工作,由省、市政府主导,社会团体协助进行。之江大学前校长费佩德(Robert Ferris Fitch)10月23日至11月23日恰好在杭州视察难民救济工作,有关政府主导下的难民救济情形,他有比较详细的记录。根据费佩德的记录,11月23日前杭州的难民救济由政府主导,宗教团体等协助,救助规模达1.5万人。从救济举措看,一是发给津贴,让难民有序投亲靠友;二是让难民承担力所能及的工作以自救;三是给予无依无助无能的难民以救助和教育。其效果正如费佩德所总结的,是"很好的"。

杭州沦陷前夕,政府南撤,杭州难民救济工作几乎全部由社会团体承担。社会团体的救助以宗教团体为主。杭州的基督教团体,主要包括英国圣公会杭州广济医院、罗马天主教会法国仁爱医院(即圣心医院)、杭州基督教青年会、蕙兰中学、弘道女中、冯氏女中、圣经学校等,苏达立、高德斯(Bishop Curtis,英国圣公会浙江主教)、梅占魁(Bishop Deyier,罗马天主教杭州总教区主教)、明思德、万克礼(Kepler Van Evera,美国长老会驻思澄堂等牧师)、葛烈腾(Edward H.Clayton,蕙兰中学校长)、费佩德、彭姆姆(Sister Apolline

---

1 Charles Bright, Joseph W. Ho, *War and Occupation in China: The Letters of an American Missionary from Hangzhou, 1937-1938*, Bethlehem: Lehigh University Press, 2017, pp.56-63.

Bowlby)、狄尔耐（E.A.Turner，杭州基督教青年会外籍干事）等参与其中。这些外国人与在杭州的外国公司，如邮政局的柯登（Stapleton Cotton）、亚细亚火油公司的魏礼士（Frank Willis）等，是当时主持难民救济的核心人物，他们与玉皇山道观的李理山道长、灵隐寺却非和尚、玛瑙寺本性和尚以及青年会的邬式唐、朱孔阳，以及田浩征等一共26位中外人士，共同组成了国际红十字会杭州分会和万国红卍字会杭州分会以及杭州华洋慈善团体联合救济会，对杭州难民开展全面救济。"杭州难民收容所红卍字会所设者，计有上中下三天竺、灵隐寺、雷殿、太庙小学、玉皇山7处，又于岳庙设难民医院一处，先后收容难民达2万余人。截至现在，常驻难民仍有6000余人。又青年会、天主堂、耶稣堂、国际红十字会各团体所办之收容所，难民亦有数千人；又各庙宇和尚居杭者约有2000人，均因经济力竭，粮食告罄，每日不获一饱。此外流离载道者，饥寒交迫，尤为惨痛，待赈之急，刻不容缓。"[1] 朱孔阳接受上海媒体采访时称："杭州自发生战事后，即由国际红十字会、红卍字会、华洋慈善团体联合会等团体负责办理难民收容救济事宜，最初成立收容所达24处，难民达五六万人。嗣经陆续设法遣散，现尚有万余人，分设7处收容，计为青年会、弘道、大中、蕙兰中学、天主堂、玛瑙寺、灵隐寺等场所。"[2]

上述在杭外国人留下诸多有关侵华日军杭州暴行的记录。在

---

[1]《杭州难民有绝粮之虞》，载《时报》1938年1月24日，星期一，第2张。
[2]《朱孔阳抵沪谈杭难民现状》，载《大美晚报》1938年3月28日，星期一，第4版。

哥伦比亚大学伯克图书馆，有一个题名为"杭州，1938"的卷宗，收录了葛烈腾、罗天利（Roy S. Lautenschlager）、明思德、万克礼等人亲历记录的侵华日军杭州暴行的书信、日记和报告，其中以万克礼日记最为珍贵，万克礼夫人将其分为解密部分（可供公众公开阅读）和机密部分两类，完整地记录了1937年12月23日至1938年2月2日杭州沦陷前后的史事，堪称杭州的《拉贝日记》。

万克礼夫妇、明思德等隶属美国长老会的传教士，其档案文献大都馆藏于美国费城长老会历史档案中心。在万克礼夫妇档案全宗中，不但有万家从杭州发出的全部书信、日记和报告，而且有至少3个卷宗是各种照片，其中不乏杭州沦陷前后的照片。如收入本书的国际红十字会杭州分会委员合影、日军颁发的万克礼夫人通行证、杭州街头照等等，大大弥补了抗日战争全面爆发期间杭州抗战照片基本来源于日军随军记者拍摄照片的不足。耶鲁大学神学院图书馆特藏室和明尼苏达大学图书馆青年会档案特藏室，也保留了大量相关档案文献，限于本书篇幅，尚未收入。

苏达立、高德斯夫妇等隶属英国圣公会的在杭英国人，他们写给差会的报告、书信和个人文件，大都馆藏于英国伯明翰大学吉百利学术图书馆特藏部。苏达立与本性和尚合作救济伤兵难民的照片、苏达立于杭州沦陷后驾驶的那部专职于难民救济事宜的广济医院救护车照片等等，以及苏达立的报告、书信和自传等，均查自该图书馆。高德斯的长信，则收录于田伯烈1938年出版的 *Japanese Terror in China*，是在大英图书馆查阅来的。此外，天主教仁爱医院的彭姆姆传记，是从香港浸会大学图书馆特藏部查阅来的。

杭州沦陷前后留在杭州的这些外国人，在他们的书信、日记、报道、照片中留下了真实的、丰富的杭州抗战记忆。例如，1937年12月24日，日军侵入杭州，给杭州带来巨大灾难，万克礼夫妇回忆称"1937年日军在杭州建立的'恐怖统治'（reign of terror）是他们终身难忘的经历"[1]。苏达立在报告中说："这是一段艰难岁月，但据说医院的坚守对这个城市是一种鼓舞。当杭州的沦陷迫在眉睫（1937年12月）时，人口汹涌外流，但所有的外国传教士和大多数中国员工都坚持留了下来。"[2]除了难民救济外，外国人抗战记忆中还留下了他们与占领杭州日军之间关系的大量记忆。

日军在攻陷杭州不久，就肆意侵犯当地外国人的财产，有三位外国人甚至遭遇性命危险。梅占魁被一个日本兵殴打并用刺刀威胁；从中国海关退休的英国人慕天锡（Mr.George Theodore Moule）家里被日本兵抢砸，这位70岁的老人家更是被日本兵推倒在地，拳打脚踢；明思德也在天水桥吃了苦头。

面对日军肆无忌惮的暴行，在杭外国人通过外交途径向日军提出抗议，首先由遭受日军暴行的美国传教士向美国驻上海总领事馆提出。"美国大使馆表达了对日本外务省的抗议，宣称根据上海美国

---

[1] "Japanese Looting and Abuse Daily Incidents in Hangchow: After Thirty Years of Missionary Service in China, the Rev. and Mrs. Kepler Van Evera Witness the Reign of Terror Instigated by the Invaders", *Van Evera Family Papers*, the Presbyterian Historical Society, Philadelphia, RG498. Box1, Folder2.

[2] "In face of War", in *The Mission Hospital, A Record of Medical Missions of the C. M. S.*, Vol. XLIII, 1939, p. 200.

总领事得到的消息，在 1937 年 12 月 26 日，美国公民位于杭州北部长老院的住房遭到日本兵的非法闯入与洗劫，财产遭受损失。"[1] 在东京的美国驻日大使格鲁，与日本外相广田弘毅也就苏州和杭州的日军暴行，举行了非正式协商。[2] 然而，这一时期，英、美等国为避免卷入中日战事，对日本采取绥靖政策，因此对日军的行为多是采取通报、抗议等和平办法来解决，未能付诸实际的制裁行动。日本政府不愿英、美等国加入对日作战，故而也避免公开地与其发生冲突。即便面对英、美等国侨民确实受到伤害和被侵犯的事实，日军调查团仍将"责任"判定于中国士兵的反抗、中国民众的破坏，唯独没有认定其士兵的暴行罪责。日方的调查结论是："占领杭州之后，混乱还未平息之际，发生了第三国人的财产被侵害的事情，是由于误解和误认。"[3]

在杭州沦陷初期，日军不仅迫害中国人，也罔顾外国人的利益，第三国国民的生命安全受到威胁。出于基督教人道主义的关怀，传教士坚持开办医院、难民营，收治受伤士兵。当外国人的利益被日军侵犯，他们一方面采取措施，实行外交抗议；另一方面开展自救，

---

1 《於杭州米国人「ターナー」「イベラ」両名の財産侵害に関する在京米国大使館の申出に関する件》(1938 年 7 月 8 日)，《永存書類乙集　第 4・5 類冊　昭和 13 年》，日本防衛省防衛研究所蔵，陸軍省－大日記乙輯－S13-14-47。

2 《蘇州及杭州に於ける所謂日本軍の米国居留民財産掠奪に関する件》(1938 年 1 月 12 日)，《支受大日記（密）其 11　昭和 13 年自 3 月 12 日至 3 月 18 日》，日本防衛省防衛研究所蔵，陸軍省－陸支密大日記－S13-7-116。

3 《杭州及蘇州に於ける米国人財産掠奪に関する件》(1938 年 1 月 24 日)，《支受大日記（密）其 5　昭和 13 年自 2 月 5 日至 2 月 8 日》，日本防衛省防衛研究所蔵，陸軍省－陸支密大日記－S13-3-112。

与日军，特别是日军宪兵中同样有基督教信仰的人"交往"，试图改善境遇，解决争端。从日军因应情况看，一方面，日方派遣调查团来杭调查杭州沦陷之初发生的士兵对外国人暴行，另一方面也允许极少数基督徒日军与外国人接洽。结果，调查团的暴行调查成了形式主义，以"误会误解"搪塞了事；基督徒宪兵的"宣抚"却取得了一定效果，在外国人面前树立了"友善"形象，对日军维持杭州统治秩序，发挥了一定的作用。实际上，这是一种"人道正义"面孔掩盖下的"宣抚"手段。

针对日军进攻可能给在华美侨或美国产业带来损失的风险，格鲁代表美国政府，经常性采用"示警""警告"方式，提醒日方注意规避伤害美国利益。美国的绥靖和纵容，助长了日军侵华的嚣张气焰。美国政府为何对日采取绥靖政策？格鲁说："到国内得知详情，国会和公众日益愤激时，我们或许不得不断交。但假如我们能够挺过这次风浪，那么，经此事件，也许正可以震醒日本政府，使其认识到，除非它能抑制陆海军，否则断交就必不可免。"在侵华日军真正侵害美国在华利益，甚至伤害在华美侨和美国产业时，"日本陆海两军都显然是真心实意，务求查明事情的真相。要不是有很多原因，他们是不会轻易这样做的"。日本陆海两军的这种态度给美方造成一种假象，认为日方一定会"查明真相"，予以解决。一旦日军作出了"真心实意""查明真相"的举动，就很容易取得美方的谅解，格鲁继续说："仅仅损害甚或摧毁我国在中国的有形利益，或侵犯条约权利，或破坏我们所维护的原则，尚不至于引起日美战争，但是，再有某种侵凌美国主权的行为，或者屡次三番的公开侮辱，战争就很容易挑起了。危险就在这里，这是现实的危险，日本军部与日本政府不同，他们并没有责任感。"[1] 格鲁的判断和解释十分精准，讲出了美国面对日军挑衅的底线：如果日军侵犯美国在华利益，甚至日军不用"忏悔""道歉"而只需要最低限度地"保证"不再侵犯，即使此后仍然三番两次破坏美国在华利益，也不会导致美国和日本断交以及发生战争。只有当美国的国家主权、美国的国家利益受到日军破坏或公开侮辱时，如"珍珠港事件"，美日才必然断交并开战。这就表明，在中国沦陷区，只要美国的国家主权、国家利益不受侵犯，无论日军如何破坏美国在华的利益，都不会导致美日断交与交战。

这是一种典型的"大写"的民族国家叙事，在这种"大写"的民族国家叙事中，杭州沦陷史就呈现出在杭外国人向美国驻上海总领事馆就日军对美国人暴行提出抗议，要求外交途径解决的面貌。美国外交部门质问并要求日军彻查真相，在日军派来的调查团查明"真相"系"误解误会"后，侵杭日军对在杭美国人暴行事件，也就不了了之。

在杭外国人中，美国人占了重要比例，在外交抗议不了了之时，他们和其他在杭外国人一起，采取了自救抗争活动。这种自救抗争，主要表现为争取侵杭日军中的基督徒支持，其中毕业于日本教会学校的日军宪兵、基督徒藤丸是典型代表。万克礼、苏达立、狄尔耐、魏礼士等外国人都先后与藤丸建立一种比较信任的"友好"关系，藤丸也给予他们一些"帮助"。他们在杭州沦陷初期的这种

---

[1] 约瑟夫·C.格鲁：《使日十年：1932—1942年美国驻日大使约瑟夫·C.格鲁的日记及公私文件摘录》，北京：社会科学文献出版社，第275-280页。

互动,看起来像一种"协作"关系,但实际上是日军一种隐蔽的"宣抚"手段。当然,正如苏达立、万克礼等所认识到的那样,像藤丸这样的基督徒日军,确实给予他们"助力",日军中也有极少数像藤丸一样良知未泯的士兵,但从大多数日军来看,"暴虐"是主要特点。

侵杭日军用隐蔽的"宣抚"手段改善了外国人对日军的观感和态度,对其统治杭城、恢复秩序,也起到了一定的"作用";外国人利用日军隐蔽的"宣抚"手段,为自己和杭城难民、伤兵们赢得了一定的"利益"。像付大嫂这样为外国人工作的中国人,面对外国人与日本宪兵之间的这种"友谊",即使内心不情愿,但还是接受为日本宪兵服务的指令。杭州沦陷初期所呈现出上述纷繁复杂的面向,可以称为"小写"的民族国家叙事下的沦陷史书写,它同样是真实历史的一部分。

习近平总书记说:"历史的启迪和教训是人类的共同精神财富。忘记历史就意味着背叛。中国人民抗日战争和世界反法西斯战争的胜利成果不容置疑,几千万人为独立、自由、和平付出的牺牲不容否定。一切否认侵略战争性质的言行,一切歪曲甚至美化侵略战争的言行,一切逃避侵略战争历史责任的言行,不论以什么形式出现,不论讲得如何冠冕堂皇,都是自欺欺人的。'得道者多助,失道者寡助。'否认侵略历史,是对历史的嘲弄,是对人类良知的侮辱,必然失信于世界人民。"[1] 2025 年是中国人民抗日战争暨世界反法西斯战

---

1 习近平:《在纪念中国人民抗日战争暨世界反法西斯战争胜利 70 周年招待会上的讲话》(2015 年 9 月 3 日)。

争胜利 80 周年，让历史说话，用史实发言，谨以此书纪念这段不应忘却的历史。

为保留海外档案文献所见侵华日军罪行原始性和完整性，本书编译时据实反映，不作修改。其观点立场仅代表原作者本人。

周东华

2022 年 7 月 7 日

2025 年 1 月 23 日

目 录

序　言 / 001

苏达立回忆录：从广济医院到集中营

前　言 / 003

导　言 / 005

第一章　早年生活 / 006

第二章　杭　州 / 010

第三章　首任差遣与内战初体验 / 018

第四章　回到中国，内战升级 / 028

第五章　医院归还，1932 年中日战争 / 037

第六章　医院在中日动荡的局势下重建发展 / 043

第七章　第二次世界大战初期战事 / 051

第八章　历劫之城 / 057

第九章　洗劫杭州 / 063

第十章　杭州城外 / 073

第十一章　日军占领下的杭州 / 077

第十二章　轴心国阴影 / 086

第十三章　战争风云突变 / 091

第十四章　"危险的罪犯" / 096

第十五章　海防道集中营岁月 / 100

第十六章　转移华北 / 107

第十七章　丰台集中营 / 113

第十八章　自　由 / 117

后　记 / 121

万克礼日记

给威尔斯博士的信 / 124

一些说明 / 126

万克礼日记 / 130

书信、报道

恐　慌 / 184

杭州之江大学情况 / 187

一座中国城市是如何处理难民问题的 / 189

杭州被占领目击纪实（一）/ 194

日军杭州暴行记 / 201

日军行径 / 212

杭州被占领后两个半月：一位目击证人的证词 / 213

大美晚报报道 / 219

女性被强奸，杭州城遭到洗劫，外国难民营人满为患 / 222

譬如杭州 / 226

彭姆姆书信选 / 229

后　记 / 240

苏达立回忆录

从广济医院到集中营

苏达立

谨以此书献给我挚爱的妻子和两个女儿玛丽、露丝。

前　言

本书为我们揭示了苏达立医生（Dr. Sturton）的情感和心路历程，他是技艺高超的心理学家、经验丰富的医生，也是极富人道主义精神的传教士。有关中国的著述不可胜数，但本书却与众不同。书中流露的思想犹如剃刀般锋利，又似大海样深沉。苏达立医生深谙中国人民的力量和弱点。作为一个从业四分之一个世纪的全科医生，在与中国人的交往中，他始终秉持着从容、和善与深刻的同情。他用敏感的手指为中国把脉，以温热的听诊器触及她的心灵。通过描述内战、红十字会工作、牛津团契运动[1]以及日本战争的残害、炮击、洗劫和掳掠，苏达立医生记录下中国人民成千上万次的反应，并写下了最终的"诊断"。他认为医学是没有国界的实体；宗教也是高于肤色、种族或者信条的，它恒久地存在，深植于人们心中并约束着人们的一言一行。尽管作者本人是一位圣公会教徒，但他与每一个教会，无论是新教还是罗马天主教，都有一种宗教上的亲密关系；他的影响力又不止于此，它超越了宗教的范围，对他所服务的土地上的三种宗教（流派）——佛教、道教和儒家的一切善与美都做出

1　牛津团契运动，由美国路德宗牧师弗兰克·卜克门（Frank N.D. Buchman）于1921年在牛津大学发起，主要是通过小团体的团契活动，寻求灵性的纯洁和道德的提升，以改变家庭生活和外部世界。其有四大标准：至诚、纯洁、无私、博爱。牛津团契不是由教会发起，也不追求建立教会，而是希望通过以家庭为基础的群体生活来提高社会的道德水准，进而改造社会。

了回应。

我和苏达立医生曾一起被羁押在政治犯集中营里,最初在上海关了 29 个月,后来又在北平丰台囚禁了 6 个星期。集中营里,人们几乎赤身露体地生活在一起,几周以后,每个人都知道了周围人的癖好、弱点和愚蠢之处。就在这个像大熔炉一样的地方,渣滓和真金昭然若揭。作为营地中唯一的医生,在长达 25 个月的监禁中,苏达立医生经受着岁月的煎熬,身处苛待与极端压力的暴风骤雨中却丝毫不失勇气、智慧、幽默和友善。走出集中营时,他是赢得所有人尊重的"令人敬爱的医生"。

致所有热爱勇毅、冒险、发人深省的言论及永恒价值观的人们,向你们推荐本书,我不胜荣幸。

王树德[1]

(Will H. Hudspeth)

---

1 王树德(1887—1976),英国圣经公会(后称循道公会)传教士,曾在云南昭通、贵州石门坎等地服务。

导　言

不断有人建议我记录下自己的经历，尤其是在近几次英国各地举办的圣公会会议期间。

很难抉择是该写下我充满回忆的整段人生历程（正像我的很多朋友断言的那样，这极有可能使我陷于诽谤诉讼中），还是作为传教士的工作经历，抑或是单纯将记述限于1937—1945年中国抗战期间我的所见所闻。大致来讲，我认为将重点放在最后提及的战争中最为妥当。但是作为时代背景，不同的事件交织在一起将我裹挟到矛盾的轨道上来。虽然任何一种自传的书写都很难不把作者置于画面的中心，但是我诚挚地希望公平对待我的同志，更重要的是，愿上帝得到所有荣光。他的指引之手已经带领我们度过无数艰难困苦，这带给我们的不仅是人身的安全，更是心灵的平静。

苏达立

至诚感谢艾丽卡·奥克森纳姆小姐（Miss Erica Oxenham）允许重印122—123页（上）由约翰·奥克森汉姆（John Oxenham）创作的诗歌。

| 第一章 | **早年生活**

我出生于1896年9月12日，剑桥，公园阳台大街6号，一个能俯瞰伊曼纽尔学院围场的房子里，是理查德·斯特顿（Richard Sturton）的第四个儿子。父亲拥有太平绅士和理学硕士的头衔，母亲名叫玛丽·艾玛（Mary Emma）。全家八口人，我的三位兄长都健在。但是我们的小兄弟，克莱门特（Clement），却不幸在1936年死于一场骑马事故，他生前也是一位医疗传教士。我们从小就是加尔文浸信会教徒，在剑桥伊登教堂做礼拜。尽管后来都离开了那个教派，但是我们仍然感激在那里打下了基督信仰的坚实基础。一直以来，关于英国圣公会，母亲学养颇深，最终我们兄弟中的三人转信该教派，母亲晚年也成为其中一员，她热爱音乐，在奉行禁欲主义的加尔文浸信会教派中很难找到快乐。也许更应感激家庭环境持续不断地给我们基督教熏陶，每日晨昏的家庭祈祷，虔诚的基督

徒父母成为我们的行为楷模，我们是真正志同道合的一家人。

最后要说的是，从他们那里继承的幽默感同样是弥足珍贵的财富，它不止一次帮助我渡过人生中的困境。

童年时，想要过上安逸的生活对我的家庭并非难事，居住在著名的帕克公园前面，我们不仅有机会欣赏精彩的板球比赛，还能亲自上场参与——可惜视力不佳一直妨碍我在球类运动上的发挥。后来，我们养了一匹小马，还买了一驾马车，一有空就驶往位于切林欣顿的西德尼学院农场，我父亲租用了那里很多年。此外，我们还有一艘帆船，一学会游泳，父亲就迫不及待地教我们如何驾船了。

我对中国包括去海外传教的兴趣始于 8 岁的时候。那时，中国内地会的祝康宁（Frederick Hudson Judd）[1]（出生于镇江的内地会传教士，从英国学成后返华布道施医，驻江西九江）博士及夫人，在第一次休假期间曾经在我家住过一段日子，他们还送给我一些小古玩，我一直收藏着。此后，专门为中国内地会举行的祈祷会便定期在我家里召开。另外，父亲经常参加严格浸信会（Strict Baptist）在伦敦的理事会（南印度）会议，所以我们家里经常有来自不同团体的传教士来访。我们家族有至少 11 位家庭成员曾经在世界各国担任教士，他们大部分都是母亲这边的亲戚。我印象中，其中的 8 位

---

[1] 祝康宁（1871—1956），英国内地会传教医师，传教士祝名扬（Charles Henry Judd）之子，出生于江苏镇江。1896 年在英国学成返华布道施医，驻江西九江。1900 年和中国牧师王则久前往江西浮梁（景德镇）传教，建立当地教会。1901 年前后转驻饶州。1923 年前后调驻山东烟台。1926 年前后复返鄱阳（饶州）博爱医院。1931 年前后转至河南开封，未几复回烟台。1938 年前后转驻上海新闻路本部。二战中被日军拘禁于上海龙华集中营。战后告老回国，1956 年去世。

去过中国，这 8 位里面的 4 位来自英国圣公会。

我和最小的弟弟曾在剑桥林德豪斯学院（Lyndwode House College）学习，后来又转入我父亲曾就读过的珀斯学院（Perse College），这里的高级科学导师、已故的戴维斯（J. Llewellyn Davies）先生建议，既然我考虑成为传教士，不如往医疗传教士的方向发展。怀着这个理想，我进入大学预科（Special sixth Form）[1]，准备读取第一个医学学士学位。在此之前，我在伊登教堂受洗成为一名浸信会教徒，直到 1920 年转入英国圣公会。

结束珀斯学院的学习，我前往伊曼纽尔学院继续求学。在第一东方总医院，我担任了一段时间的敷伤员。第一次世界大战中我荣升外科医生和皇家海军中尉。接着，我又在英国海军战舰（H.M.S）驱逐舰"帕拉丁"号（Paladin）上服役，在爱德华·费根船长（Edward S.F.Fegen）手下听命数月——二战中，他因指挥"杰维斯湾"号武装商船进行永难忘记的战斗，被追授予维多利亚十字勋章。1918 年 11 月 21 日，德国公海舰队在福斯湾（the Firth of Forth）战败投降，我同样有幸成为这一盛况的见证者。

1919 年 1 月我战后复员，加入圣巴塞洛缪医院，并被认证为皇家外科医学院会员（M.R.C.S.），次年 1 月获得皇家内科医学院执业会员（L.R.C.P.），之后来到位于布莱顿的皇家苏塞克斯郡医院工作，开始担任助理住院医师，后来升为内科住院医师。这也许是我一生

---

[1] 在英格兰、北爱尔兰、威尔士和一些英联邦国家的教育体系中，中学毕业后准备进入大学的学生可选择读 sixth form。因为英国中学 7 年级叫 first form，以此类推，sixth form 也就是中等教育的最后两年，相当于大学预科。

作出的最明智的决定,因为在这里我遇到了未来的妻子苏安利（Ross Emily Jelley）。她是一名护士,在一战后期来到这里工作。同样在这家医院,我第一次被推荐去热带地区任职,当时一位资深内科医生让我作为医疗助手去牙买加和南美为他的私人病患服务。

期满回国,像往常一样,我每周日晚上去医院教堂。布道者是现在已故的洛克医生,在山东的英国圣公会（高派）工作。洛克医生描绘了当地百姓的普遍需求,那是一幅令人不可抗拒的画面,当走出教堂的那一刻,我清晰地感应到上帝的召唤——去传教。

为了这一使命,我与圣乔治教堂的汉斯利（Hensley）教士取得联系——医院也在这个教区。他将我引荐给了另一位我人生中至关重要的人物——施仁杰医生（Dr. Charles Frederick Strange）,他从1910年开始在杭州圣公会任职,回国后效力于皇家陆军军医队（R.A.M.C.）。一战后,他一边在布莱顿奇切斯特街上的一家战地医院工作,一边等待着重返杭州。他向我描述了一幅生动感人的杭州画卷,以及当地百姓的需求,不出几天我就向圣公会递交了申请,明确表达了我想被派往这座城市的愿望。我和妻子在1921年7月26日完婚,在牛津享受了悠长的假期,同时接受专门的传教培训。11月2日,我们乘船前往中国,并于当年圣诞前夕抵达杭州。

| 第二章 | 杭　州

　　杭州是浙江省的省会。浙江省的面积与爱尔兰相当，有大约2200万人口，是中国最小也是最富裕的省份之一。它地处北纬30度附近，夏季酷暑之时绿阴下气温仍能高达100华氏度[1]和100%的湿度，1、2月份的寒冬也是冰雪交加。和平时期，杭州城和郊区总人口大概有80万。城市位于钱塘江北岸，距杭州湾25英里。杭州西部多山，东部平坦如剑桥郡的沼泽地带（二者确实非常相像），这一带建有一系列海塘来抵御海水，最早可以追溯到耶稣诞生之时。此地主要的产业包括丝织业、茶业、制扇业和制剪业。当地的方言是"官话"的一种变体，大约20%的"吴语"和据说是南宋时期的宫廷口音混合的产物（杭州是南宋的都城）。马可·波罗和鄂多立

---

[1] 约为37.8摄氏度。

克[1]曾在 14 世纪到访过这座城市,这些中世纪的作家在书中已谈及当初在城市里和郊区还有景教[2]和方济各会的教堂存留。近来,作家们已经证实了景教教堂的遗址所在地,但是方济各会的教堂遗址还无法确定。

最近在杭州的几次传教使命是由圣公会、中国内陆会、美国浸信会、美国长老会(北差会、南差会)、遣使会来承担的,他们继耶稣会之后进行传教服务,修建的教堂有超过 300 年的悠久历史。此外还有一些小型团体。圣公会的医疗工作肇始于 1870 年底甘尔德(James Galt)[3]医生的到来。最初的医院建筑建于 1873 年,现仍作为厨房使用。甘尔德医生于 1878 年退休,继任者是 1881 年来到杭州的梅滕更(David Duncan Main)[4]医生,他拥有皇家外科医学院院士

1　鄂多立克(Friar Odoric,1286—1331),意大利方济各会会士,1318 年开始东游,是继马可·波罗之后来到中国的著名旅行者。后口述行程及见闻,由他人笔录成《鄂多立克东游记》一书,为研究元朝历史的宝贵资料。

2　景教是基督教的支派,5 世纪初叙利亚人聂斯脱利所创。唐贞观九年(635),波斯人阿罗本带其经典入长安,太宗诏准建寺传教。初称波斯经教,后称景教。1284 年中亚薛迷思干(撒马尔罕)的马薛里吉思就在杭州荐桥门(田汝成《西湖游览志》卷十三有"清泰门在城东,宋名崇新门,俗称荐桥门")建造大普兴寺,这是景教传入杭州的最早记录。

3　甘尔德,英国圣公会医疗传教士。1869 年,英国圣公会将设在宁波的戒烟所迁至杭州,并派密杜氏(Meadows)医生去杭州横大方伯租屋 3 间专治戒烟,开始行医传教,称大方伯医院。1870 年底甘尔德医生接任院务,并于 1873 年开始扩建医院,扩大院务,医院更名为广济医院。甘尔德医生担任广济医院院务 7 年,1878 年后因甘师母身体不佳,返回英国。

4　梅滕更(1856—1934),英国圣公会医疗传教士。自 1881 年冬抵达杭州,1926 年退休返回英国,在杭州工作、生活长达 45 年。在他服务期间,杭州广济医院确立了"广行济世"院训,先后创办了广济产科局、麻风病院、肺痨病院、戒烟所、疗养院、私立广济医专学校等,为杭州近现代医学的引入和传播作出了巨大贡献。

1881 年的广济医院

（F.R.C.S.）和皇家内科医学院院士（F.R.C.P.）头衔。梅医生一直掌管着圣公会广济医院，直到 1926 年退休为止。正是在他辛勤工作的 45 年里，这里从一个仅有两间诊室的小诊所发展成为世界上最大的一所英国教会医院。

对于所有为杭州付出心力的传教使团、政府以及私人机构，以本书之规模实在无法面面俱到。但是我要向以下的机构和人物致敬：圣公会冯氏女中、美国长老会（北、南）建于钱塘江闸口附近的之江大学（育英书院）、杭州圣公会附近美国浸信会的蕙兰中学、位于西湖边从前满城内的美长老会和浸信会开办的弘道女中、中国内地会圣经学院、仁爱修女会圣文森特教堂（他们从 1869 年起开设诊疗服务），还有前罗马天主教神学院（遣使会）1927 年创办的仁爱

■ 20 世纪 30 年代的广济医院防盲砂眼诊所

（圣心）医院，中国政府创办的浙江大学、浙江省立医科学校。对这些机构所作出的贡献，无论如何赞美都不会过分。非常有幸，多年来我与这些机构当中的数位保持着密切的联系，他们的名字也必然会在下文中出现。

一直以来，杭州各教派、机构之间以深厚情谊与密切合作而著称。除一年中最热的月份外，新教使团每月定期举办联合礼拜仪式，每年组织一次联合圣餐礼（communion service）。在这种模式中培养出来的中国教会也照此行事，如每月组织联合礼拜仪式，每年召开所有神职人员参加的联合委员会议。圣公会与罗马天主教派的关系虽则友善，但仍然比不上同其他基督教派那般亲密。可喜的是仁爱医院形成了良好的传统，每年邀请一些新教徒朋友参加唱颂歌活动和圣诞晚会。在这种气氛中，迎来了1921年的圣诞前夜。在那个难忘的夜晚，我们在圣诞晚宴上与大部分的圣公会

■ 苏达立（左）与梅滕更

传教士欢聚一堂，第二天早上，又在教区教堂里见到了其余传教士们。到了下午，几乎所有英美裔的人士都出席了圣公会医院教堂的圣诞仪式。医院职工包括梅滕更医生与夫人（1921—1922休假），施仁杰医生与夫人（他们于1923年暂时离开中国），威廉·沃森（William Watson）医生与夫人（短期任职，1922年7月离职），钟宝灵（Dansey Smith）医生与夫人（短期任职，1923年离职），陈西美医生与夫人（借调至美国北长老会使团，1926年退休），梅雪亭（Mr.S.D.Main，梅滕更医生长子）经理及夫人，柯蒂斯（Curtis）修女，艾米丽（Emly）修女，斯诺登（Snowden）修女以及韦瑟里尔（Wetherell）修女。

我们的首要任务就是学习语言。主要的老师是吴哲甫，他是当时杭州最有名的中文学者之一。他不仅中文造诣非凡，更令人惊叹的是尽管他很难在对话中说出一个完整的英语句子，却能把任何一

■ 苏达立在广济医校指导学生

个汉语词用英文对等词表达出来。作为老师，他唯一的缺憾在于太过宽容，从不指出我们的错误，除非这个错误实在太过明显。

　　人们对于医疗工作的需求非常迫切。最初两个月，我妻子被征召去男子医院充当兼职护士，而我本人则被允许在病理实验室、X光科、门诊部工作，只要这些工作没有严重妨碍汉语学习。对于传教士来说，来华第一年一般会到语言学校学习，但是我们来的时间不巧，不能参加这样的课程。在这种情况下，我觉得一个人必须沉浸在当地语言环境中并开口使用这种语言，这是学习之外提高语言水平最好的方式。经过六个月的学习，我在麻风病医院第一次用中文进行了简短的演讲。两年后，我开始在周末或工作日定期在医院教堂用中文进行布道。与此同时，我还在梅医生1883年开设的广济医校中任教。

　　我最初的临床经验来自门诊部的治疗经历。在那里，我在一名翻译的协助下工作,但那种方式实在不理想。直到1922年底,同事们在男子医院给我分配了一间病房,我非常高兴。那时的病房还没有区分内外科,因为大家普遍认为,与内科相比,西方外科对中国的百姓更具有吸引力——但刚刚开放的内科病房证明情况并非如此。

傅维德[1]医生被任命为我的内科住院医生和放射科助理医生。尽管有点鲁莽和缺乏条理,他却是我有幸认识的最忠诚和勤奋的同

■ 苏达立、傅维德合编《X光线引阶》,1933年中华医学会版

1　傅维德,嘉兴人,广济医校毕业生。北伐时期任中国红十字会南京救护队队长,在南京下关等地服役。广济医院收归英国圣公会主办后,被苏达立聘为内科住院医师和放射科医师,1933年与苏达立合编出版中国第一本放射医学专业书籍《X光线引阶》(中华医学会版)。抗日战争全面爆发后,曾任中国红十字会上海国际委员会第一难民医院医生。

事之一。在不止一次战争来袭时，他用行动证明了自己直面敌人时始终如一的勇气。1938 年，当使命感召唤我进入"无人之地"时，他也是我选择作为陪同的唯一人选。我清楚地记得，在某一年的圣诞节，梅滕更夫人与我经过慎重的商议，决定我们各自送他的圣诞礼物中应该包括一把发刷和一瓶发蜡。

| 第三章 |　　**首任差遣与内战初体验**

　　1923年夏天，只剩下梅滕更医生、陈西美医生和我并肩作战。因为施仁杰医生在休假期间永远离开了我们。沃森医生与钟宝灵医生也在短期任职后离开，为此他们二位还曾暂时转入英国圣公会。我们的资深中国医生钟更生也在同期退休，但不久他的妹婿乔治医生（Dr.George Yale Zmun）就来接替他的工作，成为我们第二位资深中国医生。令人高兴的是，一批刚刚从广济医校毕业的年轻医生成长起来了。我也在1923年被任命为医校的系主任，在这个位置上我一直工作到1927年医校停招。1923年9月，日本发生了一场灾难性的强震。长达十天的时间里，我们没有梅滕更医生的任何消息。他和夫人正在轻井泽度假，那里正是受灾最严重的地区之一。而陈西美医生那时人在华北。突然全权处理如此多的事务，对我倒不啻是很好的历练。1923年秋天，医院医疗

队伍继续壮大,赫度医生(Dr. Phyllis Haddow)、巴格罗(Violet Bargrove)修女、布伦特(Brunt)修女从新西兰赶来,不久之后,沙近德(E.L.Sergeant)医生与夫人也从英国赶来。赫度医生来杭后旋即协助我处理病理实验室的工作,展露出非凡的能力,这使她很快成为病理学家,不久升为助理医疗主管。在此期间,一位女传教士也来医院教堂开展了一系列特殊的传教活动。她有着天生浑厚有力的嗓音,在用中文合唱时总是不遗余力。我清楚地记得有一次我试图安静地坐在教堂,后排长椅端坐的巴格罗修女和布伦特修女(她们一句汉语也听不懂)不停地在我身后窃笑。但是当在我身边的长椅上靠着的傅医生公然狂笑不止时,我竭力保持庄重和沉着起身离开了教堂。梅夫人,唉,也拒绝邀请我加入那位女士及另一位朋友的晚宴,原因据说是,梅医生和我总是在讲故事并且"互相撺掇"。

我们的大女儿萝丝·玛丽·斯泰芬妮(Rose Mary Stephanie)出生于1923年1月7日。随着孩子的降生,我们与中国人的接触更加密切,家庭也越来越向他们敞开。以这样的方式,我们开启了另一段亲密与持久的友谊。曾宝菡[1]女士是因镇压太平天国起义获得盛名的曾国藩的曾孙女,也是长沙曾宝荪[2]女士的堂妹。她是广济医

---

[1] 曾宝菡(1896—1979),著名医学博士、骨科专家,系曾国藩曾孙女。先后就读于上海务本女学校、杭州冯氏女中,毕业于杭州广济医校,曾在上海骨科医院、杭州广济医院任职。20世纪40年代曾在上海"红房子"创办了自己的私立诊所。

[2] 曾宝荪(1893—1978),字平芳,别名浩如。先后入上海晏摩氏女校、务本女学校、杭州冯氏女中就读。1912年春赴英国留学,1916年夏获伦敦大学西田书院理科学士学位,曾在剑桥大学、牛津大学就读。回国后在长沙创办艺芳女子学校,一生致力于教育事业。

校的一名学生,经常来家里帮助我太太给新生儿洗澡。后来她周游世界,曾在美国、英国和欧洲大陆求学,没想到的是13年后,她竟成为我们医院第一个骨科医生。

  1924年,我们初次品尝到了中国内战的苦涩。那时,政府和总统都在北京,每个省名义上都有各自的省议会,但实际上所有的省或者大部分省都处于军阀或者督军的控制之下,他们对中央政府视若无睹,经常展开混战。浙江和江苏的上海地区由卢永祥[1]统治,他是当时唯一被选举出来的军阀,还颇受人欢迎。卢永祥对上海地区的占领引起了其他军阀的嫉妒,遭到在南京任职的江苏军阀齐燮元[2]的进攻。战争的主要战场位于上海以西,靠近太湖的江浙边境。

  我们医院在战争中负责救济工作。梅滕更医生派遣了一支由中国医生、医校学生和其他工作人员组成的红十字队奔赴前线,他们的主要任务就是把有需要的伤员送回我们的总部医院。我们在病房里处理了大量伤势严重的伤员,那里有X光室、手术室,他们在仁

---

[1] 卢永祥(1867—1933),皖系军阀。山东济阳人。曾任北洋军师长和淞沪护军使。1919年任浙江督军,后改称浙江军务善后督办。1924年在江浙战争中被齐燮元击败。第二次直奉战争后任苏皖宣抚使,借奉系兵力驱逐齐燮元,不久又被奉系排挤下台。

[2] 齐燮元(1879—1946),北洋直系军阀。字抚万,直隶宁河(今属天津市)人。辛亥革命后,历任江苏督军等职。1923年任苏皖赣巡阅使。1924年与在浙江的皖系军阀卢永祥混战(称"齐卢之战"或"江浙战争"),获胜后兼任淞沪护军使。1937年抗日战争全面爆发后投敌,抗战胜利后被捕枪决。

爱的环境中得到了良好的治疗。当福建军阀孙传芳[1]从南方进攻浙江时,局势发生了戏剧性的变化。他的军队从钱塘江上游一条狭窄的隘口进入省内。在那里,50名配备机枪的勇士在没有空中打击的情况下可以遏制千军万马。

卢永祥未作抵抗就撤离杭州,杭州城也没有发生动乱。但是,就在孙传芳入城的时候,西湖边有千年历史的雷峰塔轰然倒塌,成为废墟。根据民间预言[很像我们的希普顿嬷嬷(Mother Shipton)[2]的预言],如果雷峰塔倒掉,这座城市就会大祸临头。我想有人把税赋的急遽加征看作预言成真。人们发现雷峰塔的砌砖有三分之一都是中空的,砖内放置着精美誊写的佛家经典,这些经典写在用丝绸裱好的黄色纸上,像雪茄一样被卷起来。接着历史的车轮再次转动,齐燮元的部队也遭到北方军阀张作霖的进攻,张的一支"白俄"部队甚至逼近上海。之后,卢永祥被安置为南京督军,就在他敌人的首府。

除了我们医院的工作,在这次内战中,来自长老会使团的牧师

---

1 孙传芳(1885—1935),直系军阀。山东历城(今济南)人。曾任福建军务督理。1924年江浙战争时,援助齐燮元击败卢永祥,任闽浙巡阅使兼浙江军务督理。次年自任浙闽苏皖赣五省联军总司令,成为直系军阀中最有实力的首领。1926年被北伐军击垮,投靠张作霖。后被刺死。

2 希普顿嬷嬷,即乌苏拉·绍塞尔(约1488—1561),预言家和女先知,据称出生在英国约克郡纳尔斯伯勒的一座山洞里。据说她奇丑无比,一生都在算命和预言,后来被称为希普顿嬷嬷。

明思德（R.J. McMullen）[1]在红十字会杭州地区的工作中发挥了重要作用。有一次，当他率领一支救援队穿越山岭时，有个村民大叫："耶稣来救我们了！"明思德听了这话，觉得比别人用什么难听的话骂他还要难受。

1925年5月30日，上海南京路上发生了一起不幸的事件[2]。当时为国际上海市政议会工作的几名印度警察在一个英国长官的带领下，向一些学生和其他示威者开枪，他们当时正为日本工厂发生的麻烦而暴怒。这一事件在远东地区造成了国际上下的极大紧张，并燃起中国人民的民族主义情绪。我们与中国朋友的友谊还是显而易见的，因为他们中的大部分仍然与我们保持着私人友谊，即使在国家关系如此严峻的形势下。我多么希望自己在面对那些医学院的学生时，能更加老到、圆融和慈爱，当时的他们是我们最大的问题。学生中很多人都远离了我们，不过后来又恢复了友谊。他们与许多男护士在离开时，都明确地表示这绝非针对我们个人。

---

[1] 明思德（1884—1962），美国南卡罗来纳州人，曾任之江文理学院（之江大学）校长。1911年明思德夫妇受南长老会派遣来华，先后担任杭州天水堂、湖山堂牧师。1932年获哲学博士学位后获聘之江大学校务主任，1935年赴哥伦比亚大学攻读教育学博士学位，1937年9月回杭，继续服务于之江大学，帮助之江大学转移、救助难民。1943年被日军投入集中营，后被遣返美国。抗战胜利后担任在纽约的亚洲基督教大学联合董事会执行干事，1950年退休，1962年去世。

[2] 即五卅惨案，因发生于1925年5月30日而得名，是反帝国主义爱国运动五卅运动的导火线。1925年5月30日，上海工人和学生在南京路进行宣传讲演和示威游行，租界的英国巡捕在南京路上先后逮捕100多人，并突然向密集的游行群众开枪射击，当场打死13人，伤数十人，制造了震惊全国的五卅惨案，引发了全国规模的五卅运动。

■ 苏达立一家

当愤怒渐渐平息下来的时候，中国人会迅速示好。那年的11月，亚历山德拉王后（Queen Alexandra）[1]逝世，中国降半旗致哀，圣诞节时甚至悬挂起表达善意的海报，而在仅仅几个月前被挂起来的都是些难听的字眼。

1925年秋，又一场内战爆发。孙传芳入侵江苏进攻张宗昌——不得人心的山东督军。但是杭州并没有直接受到影响，除了傅维德医生应征出任中国陆军医疗队少校，回来后他满腹牢骚。

1　亚历山德拉王后（1844—1925），英国国王爱德华七世的王后。

1925年10月14日,我的二女儿艾德文娜·露丝(Edwina Ruth)出生了。

1926年,中国掀起一场革命的浪潮。中华民国的缔造者和首任临时大总统孙中山于1925年逝世于北京,国民党的领导权由蒋介石接手。国民革命军于1926年开始北伐,并于当年年底抵达长江沿岸。这场新的规模更大的战争直接影响了杭州。10月,有谣言称孙传芳已在华中地区战败,并登上一艘在汉口的英国炮艇避难。随后消息被证明为谣传,但同时浙江省省长夏超[1]已经与孙传芳公开宣战。杭州宣布支持国民党,街道上的游行队伍手持国民党党旗(青天白日),后来又改为中华民国国旗(一面国民党青天白日旗在其一角的红旗)。不到一周,反攻的军队又在杭州以北约60英里的嘉兴被孙传芳击败,国民革命军零散地撤回杭州城内。当夜,北方军队进攻时,国民革命军几乎没有反抗,只在中国银行附近听到零星的机枪开火声,那里距离医院只有不到四分之一英里的路程。我们相信夏超已在麻风病医院附近被抓住并枪杀,但关于他的命运始终没有确凿的消息。

1926年12月,梅滕更医生在任职45年后退休。但是他退休后仍继续在爱丁堡的医院工作,直到1934年逝世,享年79岁。他的继任者是来自英格兰利物浦大学的医学博士谭信(Hubert Gordon

---

[1] 夏超(1882—1926),字定侯,浙江青田人。1926年,夏超在广东国民革命政府策动下发动起义,任国民革命军第十八军军长兼浙江民政长,不久被孙传芳所部击败,在撤退途中被杀,民间对此经过有多种说法。

■ 谭信

Thompson M.D.）[1]，他是皇家外科医学院院士（F.R.C.S.）。同样在 12 月，布伦特修女和巴格罗修女因健康原因休假。前者没有再回杭州，后者于 1928 年秋天返回，后来担任我们的女护士长。在中国，我们一般使用这个美国称谓"护士主管"（Superintendent of Nurses），而不是使用"护士长"（Matron），但其实二者在职责上并无不同。

1　谭信，英国利物浦大学医学博士，英国皇家外科医学院院士，1905 年到中国北海普仁医院工作，后又主持创办了位于昆明的惠滇医院，长期在西南边陲行医。1926 年接替梅滕更任杭州广济医院院长。其时恰逢北伐战争期间，广济医院被收归浙江省政府管辖，谭信经多方交涉，终于使得广济医院发还给英国圣公会管理和运作。1928 年转往上海任职。他还在英国伦敦建立了一项救济中国贫困与疾病的慈善基金——皇家公爵专项基金（Lord Mayor's Fund）。因其卓越的贡献，1940 年，当时的国民政府对他进行表彰并颁发奖章。

■ 梅滕更医生与小患者相互鞠躬

我们一家也于 1927 年 2 月离开医院去休假。那时，因为国民革命军的逼近，大量难民涌入上海，英美联军抵达并占领公共租界。几个星期内，杭州、上海相继被国民革命军掌握。谭信与贝百绿（Murray Webb-Peploe）[1] 医生（1926—1927 年在职）将医院管理权交予虞心炎[2]，一战期间他曾在英国军队服役。但面对持续的反对，虞无力保有医院管理权。1927 年 3 月，广济医院由浙江省政府接管。

1　贝百绿，英国圣公会医疗传教士，1926—1927 年任职于杭州广济医院。

2　虞心炎，杭州广济医校毕业生，曾于辛亥革命期间参加中国红十字会第二团驻宁医护工作。1919 年曾担任瓯海医院董事，北伐期间被谭信暂时任命为广济医院管理人，参与广济医院发还谈判，后任上海美商慎昌洋行职员、医师。1932 年上海"一·二八"事变中，参与创办伤兵医院，救护伤兵 500 余名。抗日战争全面爆发后，曾于 1938 年任中国红十字会上海国际委员会设立的残废伤兵医院副院长，医院从开设至 10 月 31 日正式宣告关闭，10 个月内共收治残废伤兵 403 名。

在国民革命军占领杭州和我们休假前那个阶段，杭州一度沦为战争前线。当时国民革命军占据钱塘江南岸，北方势力驻守北岸，但甚少交火。尽管之江大学已然处于前线位置，美国和加拿大的传教士仍然在那里坚守岗位。我并不喜欢去那里坐诊，因为那意味着为了给一两名病人诊治，我必须沿前线行进一英里的路程。

| 第四章 | **回到中国，内战升级**

    1928年3月，我们休假归来。谭信医生和陈鉴良（I.Dzen，另作"陈见良"）先生（梅滕更医生的前任机要秘书）不断地同国民政府进行协调，试图收回医院。陈先生效力于国民革命军医疗服务队，在这件事情上尤其热忱，面对双方日渐累积的龃龉毫不畏惧。当我们抵达上海时，受谭信医生和夫人邀请去其家里做客，谭信医生悄悄告诉我他已经从英国圣公会辞职，即将在几个月后于上海成立的德和医院担任外科研究主任一职。他建议我接任他在杭州广济医院院长的职务。第二天我就接到了宁波麦乐义（Rt. Rev. H.J. Molony）[1]

---

    1 麦乐义，英国圣公会传教士。1908年携妻来华履职，驻宁波，任浙江教区主教。上海中国圣教书会于1915年4月从青年会迁至华美书馆后，麦乐义担任正会长。1929年退休。

主教的急电，召我前去见他。我当即从上海坐晚班的汽船，到那里时，正好是第二天早餐前。早餐和晨间祷告之后，主教告诉了我一些其实我早已知晓的关于谭信院长辞职和想让我继任的提议。他又慈父般地建议我："你是一个中年人了，不能老是开玩笑了。"其实我当时还不满 32 岁。

之后不久，我返回杭州，作为英美联军的医疗助手。其间谭信先生也一直就归还医院事宜与当局协商。那时我们各自的妻子和孩子不得不一直留在上海。

1928 年 4 月，国民革命军开始了他们对奉系军阀张作霖的最后一击。征讨大本营设在江苏徐州，位于山东江苏两省交界以南、津浦铁路和陇海铁路交会处，是黄河故道上一个极具战略地位的城市。奉系军队构筑混凝土堡垒和铁丝电网牢牢占据了山东的兖州等地。蒋介石决定向北刺刀式进攻，并取得了成功，他的军队以士气弥补了装备上的匮乏。然而，这次北伐的胜利是以惨重的牺牲和一段时期的困难为代价的，成千上万的伤兵急需治疗。就在这时，牛惠生博士，国民政府军事委员会军医监理委员会委员长，登上历史舞台。他是蒋夫人的表弟，虔诚的基督徒，曾在哈佛大学深造。其兄长牛惠霖也曾在剑桥唐宁学院学习，并在米德塞克斯（Middlesex）医院工作，他是已故约翰·布兰德·萨顿爵士（Sir John Bland Sutton）的住院外科医生。牛医生与蒋夫人都意识到浙江省政府无权继续占据广济医院，他们将竭尽全力使医院重回英国圣公会管辖。当牛医生提到有大量的伤兵急需医疗救护和志愿者时，我觉我应该带领一支红十字分队去北方，尽我所能帮助他们。我脑海中闪过这样的信条："那时我说，主啊，我来了，为要照你的旨意行。"蒋夫人当时作为四名军医监理委员会委员之一，经常到前线慰问。

英国领事馆为我发放前往战区的通行证非常不容易，因为当时有个"枢密院令"禁止英国国民参与中国内战。但是听我详细解释了此行是一次单纯的人道主义行动后，英国参事包克本（Arthur Dickinson Blackburn）[1]先生（现已是亚瑟爵士）给予了大力支持。我妻子、谭信医生和牛医生一起到上海北站为我前往南京送行。

陪同我前往的有代表中国政府的周象贤[2]先生（此后他曾三度担任杭州市市长），还有和我一起工作的关医生（C.S. Kwan）。关医生来自香港，是一位热情的年轻人，不久前刚通过上海圣约翰大学的医学结业考试，他非常高兴能有这次北上服务的机会，一方面出于爱国的抱负，另一方面也渴望提高外科水平。我还带了一名用人翟法仁（Zeh Fah-Zen），一个浙江乡下的孩子，起初因为身患严重的恶性贫血来医院就诊，此前我还从没有见过患此病的人痊愈过。后来，他竟渐渐好转，之后就做了我们的用人。1927年，当我们的房子遭到洗劫时，他为我妻子抢救下为数不多的几件首饰。法仁是极其忠心的仆人，夜里总是自己拿条毯子睡在我卧室门外。

在南京，我们遇到了一群军医，还有和我们一样在医疗小组工作的人们，他们由医学博士汤上校（D.S.Tang）率领。全部医疗人

1　包克本，1887年出生于英国，外交官，曾担任过英国驻上海参事。1941年在日军发动的重庆大轰炸中，英国大使馆（另一说是包克本府邸）被炸毁，中文参事包克本遭炸，右脸及耳部受伤严重。

2　周象贤（1885—1960），别名企虞，浙江舟山人。1910年赴美国留学，毕业于麻省理工学院和加利福尼亚大学。1927至1928年任浙江省钱塘江工程局局长，1928年11月至1930年8月、1934年2月至1937年12月、1945年9月至1948年10月三度任杭州市市长。1949年3月携眷居香港。

员共72人，乘坐一艘由机动大舢板牵引的驳船渡过长江到达浦口。我们从停泊在南京的英国巡洋舰船头下驶过，那是一幅很奇怪的画面。在浦口河滨，破败的码头、墙壁留有炮弹洞的车站，都是战争留下的清晰痕迹。几小时后我们登上一趟军列，列车由转线机车牵引，所有我们72人再加上行李，塞满了一节封闭的铁皮车厢。深夜，一些士兵试图占领我们的车厢，有人大喊："你们这样做对外国客人太无礼了！"士兵答道："我们可不信有什么外国客人。"接着有人拿手电筒朝我脸上晃了晃，于是掠夺者们就离开了。第二天，我们要穿过安徽北部起伏的丘陵地带，铁皮车顶上烈日的炙烤令人非常难熬。正当我感觉自己马上要昏过去的时候，一位中国军官邀请我去他的包厢。那晚天刚黑，火车就在南徐州（Nansuchow）这地方停了下来，该地以土匪猖獗闻名。那名军官问我："你害怕吗？"我说不怕。他说："我怕。"我说："这车上可有两千名士兵。"他接着说："这帮土匪很快就能把他们击溃。"

  深夜抵达徐州，我们沿城外铁路线扎营住宿。法仁给我安顿好帐篷床铺，自己则在我脚边铺下他的睡毯休息。凌晨，我半梦半醒之际，听到他蹑手蹑脚地爬出帐篷给我准备热水——但再也没回来。第二天上午，有人告诉我们一个令人吃惊的"拍肩迷魂"的故事，大概说的是下面的意思：中国古代有这样的习俗[1]，当建造重要建筑时，比如城墙，往往会把某个动物，例如青蛙或老鼠封存在其中，它们的灵魂就会变成建筑的守护神。当时南京正在为孙中山建造陵墓，无知的乡民认为把人的灵魂封存在其中再合适不过了。他

1　此处是苏达立对乡间迷信的道听途说。

们说，有一个秘密团体就通过拍人的肩膀来获得他们的灵魂，被拍者会进入一种恍惚的状态，那时他的灵魂就被摄走了。他们还告诉我们，一个年轻人就在营地附近被拍了肩，他们还把施妖术的人给杀了。我们过去看了那位受害的青年，果然一副昏昏沉沉的样子，躺在营地附近一家铁路医院里。我不敢断定他的状态是由什么引起的，是中暑、恐惧或者某种疾病发作。我们也没有把此事与忠诚的法仁的失踪联系到一起，直到有人说那个施妖术者是个浙江人。我们马上跑到悲剧发生的那个房子：发现了法仁拿去给我找热水的罐子。很明显，当时他正在营地外的一个热水摊前，用浙江人的热情方式，拍了拍摊主的肩膀，说："给我来点热水。"然后他就被乡民用石头击中脑袋，煤油浇遍全身，纵火焚烧了。

　　我和葛团长（D. M. Koeh）一起，去会见驻扎在当地的将军（葛团长是一位中国圣公会教徒）。将军听到此事大为震惊，宣称将会对凶手处以极刑。我以无知为由请求将军赦免他们的死刑，但建议采用其他刑罚，比如狠狠地揍他们一顿。将军很高兴我有这样的想法，但是又觉得应该遵守中国的法律。结果行凶者终究还是被投入监狱。第二天一早，将军派人护送我和葛团长一起前往山里某处他们安置尸体的地方。我只能说见到了一副与法仁身材相仿的骨骸，但可以看出他被埋葬得很体面。之后我们前往建在城市另一边山上的野战医院，当骑马走在一条要道上时，我被一名湖南哨兵的刺刀尖挡住了去路。我迅速从马上下来，告诉哨兵自己的身份，并出示了由中国政府出具的证件，上面有蒋介石夫人、牛医生和其他人的签名。也许他并不识字，还是把我拘押起来，毫无疑问，他认为我是从那边过来的"白俄"。我冲着葛团长大喊，当时他在我前方五十码远的地方，他跑回来朝哨兵气势汹汹地大喊，并出示他的证件，但结果和我一起被带走了。到了营房，一名营长意识到这是个愚蠢的错误，一再向我们道歉，并严厉地训斥了那个哨兵。当夜，我们在野战医院为法仁举行了追悼仪式，医院里基本上每一位军官都是基督徒。葛团长在祷告中说，法仁是在红十字标志下死去的，那是耶稣牺牲自己的象征。

大约在同一时期，中国和日本在济南发生了严重的军事冲突。[1]济南是山东省省会，也是从海滨城市青岛开出的胶济铁路与天津至浦口的津浦铁路的交会点。济南并非像上海、广州、杭州、宁波、汉口、天津等其他城市一样是"通商口岸"，尽管当地有大量日本人经商，但日本并没有任何出兵的合法理由。蒋介石的军队在已经占领济南并准备向北推进时与日本人发生冲突，也许这是直接诱因。日本人表现得非常野蛮，医院里到处都是被机枪射伤的士兵。傅维德医生（也是我们杭州广济医院的一位医生）就在这里救助士兵。后来他在战斗中被抓，又从黄河大桥上向北逃脱，最终从天津坐上汽轮抵达上海。很久以后，我们在杭州相见时，他看上去憔悴不堪，晕船比他逃难期间的惊险经历更让他难受。

这次中日交火给徐州医院增加了大量新伤员，我们一直忙于从

---

[1] 指济南惨案，又称五三惨案。1928 年 2 月，蒋、桂、冯、阎联合发动了与张作霖争夺东北的战争。1928 年 4 月，蒋介石军队北进。为阻止英、美势力向北发展，1928 年 5 月 3 日，日本侵略者在济南向国民党军发动进攻。由于蒋介石一味妥协退让并下达不抵抗命令，大量中国军民遭到屠杀。这次惨案，日军杀死 1 万余名中国人，中国政府所派交涉人员也被枪杀，这激起全中国人民的极大愤慨，同时也受到世界舆论的谴责。美、英等国从他们在华利益出发，也向日本施加压力。1929 年 2 月 28 日，日本政府与国民党政府达成协定，并从济南撤军，济南事件即告结束。

■ 傅维德

他们体内取出机枪子弹。我们的野战医院以"重伤病人总医院"著称，现在被分为两个部分。

一部分在云龙山上由汤团长负责，我负责的分部设立在未被占领的城内长老会医院病房。另外还有刚加入的来自浙江湖州美国卫理公会使团的孟杰（Fred. P. Manget）医生，和来自南徐州美国长老会使团的道格拉斯医生。孟杰医生很快离开这里，加入了蒋介石的盟军——河南开封冯玉祥的部队。道格拉斯医生留在了这里。医院这边还有关医生作为我医疗方面的副手。道格拉斯医生性格和蔼可亲，可惜健康状况不佳，所以我也不得不遗憾地让他停职休养。太多的病人来医院就医，已经超过我们的限度，我们不得不关闭医院大门，防止病房被轻伤者挤满。但是我们也不忍心将他们拒之门外，特别是看到有病人就在医院门外死去。可问题是这个地区有很多军队医院都可以治疗轻伤患者，并且他们的病房也还都充足。

这时，法仁的死讯开始引发反响。此事被上报到南京蒋介石处，他一开始根本不相信这事，但不久就有了充分的证据，因为他的妻弟宋子文，当时的财政部部长，说他完全相信这是真的。因为宋子文自己的仆人同样是浙江本地人，也曾因类似罪名遭人殴打，但并未致死。我被捕的事上报后在南京也引起了一些愤慨。为此我还必须亲往当地司令部，以便让将军向南京报告说他亲眼见到我安然无恙，行动自由。

同样在这一时期，蒋介石决定将他的司令部迁到徐州，距我们的第二医院只有四分之一英里。蒋介石夫人对医疗工作非常热忱，我们其中一次的相遇还令人相当尴尬。一天，她在早餐时间就来探访我们，发现关医生竟然穿着睡衣和我一起吃早餐！还好我衣着尚且得体。关医生立正站好，面红耳赤，然后冲到楼上，以惊人的速度换好制服走了下来。几次频繁的接触后，蒋介石夫人邀请我们去他们的临时居所拜访，战役后蒋介石夫妇双双病倒，由我负责治疗工作。关于蒋介石，最初令我印象深刻的是这样一件事。一天下午，我们正在医院例行查房，他吩咐随从给每位伤员十元钱。当走到一名伤员旁边时，随从说："他不是我们的人，他是我军的敌人。"蒋介石回答："不管怎么样，还是给他吧。"当蒋介石夫人告诉她的丈夫，我们在杭州的圣公会医院仍被非法占领时，他发电报命令将医院交回圣公会。他说如果那些人继续以爱国的名义非法占据医院，他就把他们派到最前线，来验证他们的爱国热情，并且要把他们分开，防止这些人合谋。说实话，最后一步从未付诸实际。

6月，我回到上海，谭信医生和我妻子来车站接我。就在那一天，国民革命军在山西军阀阎锡山率领下进入北京。你们也许会记得张作霖，那个被击败的奉系军阀总司令，已经撤回了省会奉天。他乘火车路过日本人控制的一段铁路时，被预埋的炸药炸成重伤。不久之后，他的儿子张学良升起国民政府旗帜（改旗易帜），中国暂时完成了形式上的统一。

第五章　医院归还，1932 年中日战争

1928 年 6 月中下旬，谭信医生和我就将医院归还圣公会的事宜与牛医生频繁接触。牛医生和表弟宋子文代表中央政府和委员长与浙江省政府协商，结果分别于 6 月 23 日和 7 月 1 日将麻风病医院与广济医院归还给我们。交接仪式非常恰当与礼貌，所有科室被侵占的物品归还后都附有清单。还有几件属于圣公会的财产没有立即归还，直到几个月后我们找到了相关文件，充分证明它们是属于圣公会的财产。

我们重新接手医院后，十天之内就重新开启了门诊，第一天就来了 62 个病人。外籍职工一开始包括谭信医生、药剂师贾乃德小姐（Miss Garnett）、傅思德（Foster）修女、韦布（Edith Emily Webb）修女，以及我和我妻子。不久之后人员很快补充上来：休假归来的赫度医生，负责麻风病院和肺结核医院护理工作的牧立思（Morris

1931年广济麻风医院教堂落成仪式

修女，以及秘书狄克逊小姐（Miss M. Dixon），此外，沙近德（Dr. Sergeant，E.L.）和夫人也于几个月后归来。我们的前中国职员陈鉴良，担任业务经理兼中文秘书，傅维德医生回来和我们一起共事几年之后，被委派担任杭州市立医院传染病科的医疗总监。孙孟屏（M.B.Seng）医生在毕业后也回来和我们一起工作了几年，后来去上海担任中国海关高级军医。之前毕业的医学生也进入医院担任初级职务。

谭信医生的辞职自10月1日起生效，即日起，我便开始履行院长的职责。但谭信医生仍经常到访并帮助我们，还在一段时间内担任医院委员会的主席一职。同时，他被委派为医院的名誉外科顾问，还是医院于1936年设立的理事会成员之一。

在医院回归之后的几年里，我们慢慢将其扩大，恢复原有的科室，但由于教育部的规定已经更改，再加上长期以来任何传教团体都很难派出足够的专职人员去从事教学，医校没有重新开放。基于我们对华东医疗教育所作的贡献，英国圣公会同意借调所罗门（Robert J. Salmon）医生前往上海圣约翰大学（美国圣公会）任教，担任生物化学教授。而所罗门医生与金福兰（Frances King）医生（生理学教授）的婚姻又为圣公会"贡献"了一名教师。同时圣约翰大学开启了派送已经通过医学考试的大四学生来我们医院实习的历史。

麦乐义主教自1908年担任浙江教区主教，1929年初退休。继任者高德斯牧师（Rt. Rev. John Gurtis D. D.）曾经在福建做传教士，1929年在宁波接受祝圣成为主教。他的祝圣礼成为英国圣公会同时也是中华圣公会的标志性事件。因为不同于他的前辈们先被祝圣成为英国、美国、加拿大的传教士主教，他是第一位在中国教区接受祝圣的主教。他的妻子倪艾达（Neé Eda Stanley Brian-Brown，亦作"高文意智"）是一位热情的外科医生，在宁波华美医院工作。他们在宁波任职两年后迁到杭州。古得胜医生是麦乐义主教的继子，他起先也一直在宁波工作，后来转到杭州医院，这让我们的医疗团队力量大大增强。

1931年秋天，日本突然出兵占领东三省[1]，紧接着四个月后又占领热河——长城以北第四省。很多人认为日本这一举动是第二次世界大战的首次冲突，无论如何它都显示了中日关系的未来走向。

1　指"九一八"事变。1931年9月18日，日本驻中国东北地区的关东军突然袭击沈阳，以武力侵占东北。"九一八"事变是由日本蓄意制造并发动的侵华战争，是日本帝国主义企图以武力征服中国的开端，是中国抗日战争的起点。

1931—1932 年的冬天，我身体也不太好，去香港休息了几周，又做了个小手术。1932 年 2 月初，我和杭州美国长老会使团的费佩德牧师（Rev. R. F. Fitch, D.D.）[1] 一起前往上海。他曾是我的病友，在我们返回的途中不巧遭遇中日两国开始于当年 1 月 28 日的军事冲突。[2] 趁着战争的缓和期，我们乘汽船沿黄浦江上行至上海，在公共租界找到一处落脚点。租界里只有虹口区被日本占领，他们将那里作为活动基地，以此对抗临近郊区的中国士兵。很奇怪的是，你站在距离铁丝网不足十码的地方就会发现，公共租界只有零星的枪击，中国人和日本人都会尊重租界的中立性（虹口区除外）。

接下来的问题是我们如何才能回到杭州的家里和继续工作。（上海）北站是通往杭州的起点，现在已被中国士兵顽强据守，来对抗日本的地面火炮和空中打击。所以这条线路已经绝无可能通行。后来万克礼（Kepler Van Evera）[3] 牧师也加入进来，他也来自杭州美国

1　费佩德（1873—1954），曾任之江大学校长，著有《杭州游记》等书。1873 年出生于上海一个著名的美国传教士家庭。1890 年被送回美国学习，学成后返回中国，在宁波一所教会学校当校长。1908 年，费佩德从宁波调到了杭州的育英书院任教。1922 年费佩德出任之江大学第三任校长，1931 年改任副校长，直到 1945 年离开中国。抗日战争全面爆发后，他积极参与杭州难民救济，曾遭日军长期关押，身心受到了很大的摧残。1954 年，他在美国加利福尼亚州的家里去世。

2　指"一·二八"事变，又称"一·二八"淞沪抗战，是在"九一八"事变之后，日本为了转移国际视线，并图谋侵占中国东部沿海富庶区域，而在 1932 年 1 月 28 日蓄意发动的侵略事件。

3　万克礼，美国长老会牧师，驻杭州鼓楼堂、思澄堂等，抗日战争全面爆发后担任国际红十字会杭州委员会和红卍字会杭州委员会成员，救助难民多人。太平洋战争爆发后被遣返回美国，抗战胜利后重新回到杭州，一直工作到中华人民共和国成立初期。

长老会使团。谭信医生用他的车穿过重重路障把我们从公共租界送到法租界，然后到达正处于日本进攻的中国辖区南岛（南市），那里的南站是通往杭州的另一个起点站。不久我们发现这条线路显然也很难成行，车站里挤满了难民，行驶的火车线路极少。根据情况我们决定先走海路去宁波，然后再沿陆路从杭州湾南岸到达杭州。平常每天会有一两班船到宁波，而现在已经没有正常的航班了。打听了一下，我们发现英国汽船"新北京"号就在当天起航，有人告诉我们它现在停泊在上海对面。我们立刻雇了一艘小汽艇去寻找其停泊处，然而它并没有在那人说的地方，驾船的人告诉我们它有可能停在黄浦江上游一个叫"老码头"的地方。当我们在老码头看见"新北京"号时，它正准备起锚沿河而上，我们紧追不舍，因为我们的船吃水浅，相信最终一定会赶上。

追到后来，汽船下锚停船，一队英国海军护卫着它，其中负责的英国海军上尉冲我们大喊，劝我们不要登船。我们不听，沿着船尾从邮局驳船投递邮件上船的入口成功登船。上尉根本不知道船将驶往宁波的命令，但船还是按时到达。第二天一早，在一段平静的航行后，船只驶过黄浦江口的吴淞口岸，双方枪炮均未开火，在穿过杭州湾时亦是如此。在宁波，我们正赶上开往曹娥江的早班火车，又转了两辆汽车，终于在当天晚些时候抵达杭州。所有人都想知道我们是如何成功逃出的，上海究竟发生了什么，因为自从战争开始他们就没有收到任何上海的报纸了。在这次战争中，杭州还没有经历上海那样激烈的动荡，十九路军和第五军八十八师分别在蔡廷锴将军和张治中将军的率领下，坚守上海，尽管他们的行动一直处于日本海军大范围空中炮火的打击之下，但仍英勇奋战长达数周。

中国人民在伪装阵地上的创造力实在令人动容，为了找到安放机枪的位置，他们甚至可以把墓穴掏空加以改造。不久以前，这种行为还被视作对死者的亵渎。

这次战争中，杭州遭遇的第一次空袭是日本进攻当时城外笕桥的小型飞机场。我们医院主要负责救治中国方面的受伤飞行员，以及从上海南站用火车运来的八十八师伤员。战争即将结束时，因为我们的工作，张治中将军为医院颁发了银质纪念牌匾。

日本飞机频频飞临城市上空，除个别群众被机枪子弹射伤外，基本没造成伤亡。我女儿玛丽，那时才九岁，一天下午她在空袭中从她的美国小学放学回家，非常平静地说："街上士兵在开火，我们只能走别的路回家。"

战争结束后，中国军队撤退到上海以北几英里的地方，一个非军事区建立起来了。

1932年底，我们离开中国回英国进行第二次休假，离开期间由沙近德医生负责医院事务。我们把两个女儿送到英国圣公会圣麦克学校读书，学校位于萨里郡林姆斯菲尔德（Limpsfield Surrey）。我自己则忙于剑桥的生物化学实验室的工作，同时也为英国圣公会的代表团服务。

第六章　医院在中日动荡的局势下重建发展

1934 年初，我与妻子回到中国，女儿们继续留在英国读书。从很多方面来说，休假是一段非常有趣的经历，尤其是在我们在中国已经听过和了解过的牛津团契。与牛津团契的第一次接触是在 1933 年 5 月（霍兹登高利）的英国圣公会传教士大会，大会上来自福建的牧师来必翰（Rev. W. P. W. Williams，大家熟知的名字是"大卫"），给出了发人深省的证词，诉说了当他正视自己没有达到"绝对标准"时，自己的生活发生了怎样的变化。这次演讲立即让我明白了自己在哪些方面也严重"不达标"，我不得不立刻向大家坦白我是如何辜负了他们的。整个夏天，我们在牛津的一个大型团体"家庭聚会"上广泛地交流，来自全国的上千名传教士们都在精神上获益良多。9 月份，在当地的团体活动和剑桥大学塞尔文学院举办的"家庭聚会"上，我们又进行了更深入的交谈。

说到这个主题，不能不提到牛津团契对我的意义有多大。它促使我认识到自己人生中的罪过，体会到将自己的生活与困惑交给上帝意味着什么，以及我受他的指引所能做到的一切，尤其是在遇到困难和危险的时候。当然我并不是说，仅仅通过一次这样的宗教体验，人们就可以变得完美，但是它确实能帮助人们更诚实和自信地审视自己的人生。这种经历毫无疑问帮助了我们，无论是因为重任在肩而不得不离开女儿，还是应对日后到来的种种灾难。我并不经常引用赞美诗，但是我最喜欢的这些诗句出自光明谷的伯纳（Bernard of Clairvaux）[译自爱德华·卡斯沃尔（Edward Caswall）牧师]：

但对寻得你者如何？
无口无笔能述；
耶稣的爱，其深、其阔，
惟被爱者略熟。

在我们返回杭州之前，沙近德医生与夫人就离开中国去休假了。古得胜医生休假归来，暂时接管医院事务。他在休假期间与麦克琳（Sheila McLean）小姐完婚，麦克林小姐曾在埃及的教会学校任教过一段时间。

1932年至1937年抗日战争的间隙，是医院平稳发展的时期。我无法全面准确地按照时间顺序来记述，只能简要地提一下医院的主要进展。在我们休假期间，英国圣公会宁波仁泽医院关闭。多年以来它一直是附近美国浸信会援助的华美医院的有力辅助。我认为正确的做法是将两家医院合并——也可以将圣公会部分作为一个特殊的产科来保留，然而终究还是未能如此施行。仁泽医院的部分仪器被分配给我们，除此之外，还包括罗杰森（Rogerson）修女，她一直和我们一起工作，直到结婚成家。

这段时间我们最大的发展之一就在于骨科领域的进步。这并不意味着之前没有做相关工作，而是因为我们所有的外科医生因形势所需都要承担大量的骨科工作，却没有专门的科室。在我们1933年休假期间，当时公认的中国最顶尖的骨科医生牛惠生医生病情严重，很显然他已无法恢复健康，我们都期望他和我们在一起的时间不止这短短的三年，但天不遂人愿。他在自己位于上海法租界的私人医院里已经成功开展了骨科业务。在他生病期间，他和太太不断地在祈祷词中询问上帝，如何最好地将骨科工作开展下去。一段时间之后，他们感知上帝清楚地指引他们将诊所与我们的医院合并。于是，牛医生给我发电报让我去见他，在病床边，他告诉我和谭信医生他的祈祷和上帝的指示。牛医生在上海的助手是我们之前的学生曾宝菡，他们的第一步安排就是出资派她去海外——美国、英国以及欧洲大陆进行骨外科的研究生阶段学习，之后又让她在我们医院工作，工资由他们来承担。

能在牛医生家里与他共度一段时光于我是一种荣幸，尽管生命渐渐耗尽，他的面孔依然闪烁着圣洁的光芒。1937年初，牛医生病逝，他的去世带给我前所未有的悲伤（很少有友人的亡故能像牛医生的逝去一样带给我如此深切的伤恸）。但是在他的葬礼上，人们体会到的却是一种胜利。他是中国基督绅士的典范，会被举世哀悼。他去世后，家人很快提出不要送花，而作为代替品的礼金也应该送给我们医院的骨科，其中蒋介石就是最早的捐赠者。牛医生家人还持续以英镑

■ 骨科专家牛惠生逝世讣告

的形式为医院骨科投资基金，帮助运营。其私人医院的仪器设备由陆路从上海运往杭州，其中的大部分都被安置在一处山坡上，那是我们分院的所在地，是曾宝菡医生特别为照顾残疾儿童而开办的。

曾医生不仅主管骨科病房事务，同时也负责门诊工作，应对急救病患。我们还有一间"支具室"，熟练的技师会为我们的病人制作骨科器具。

"乡村诊所"代表着我们工作的另一项进展。之前很多使团已经做了大量的流动医疗工作，梅医生早先就曾以这种方式往返杭州。但是随着教会医院的发展，这方面的工作经常陷入停顿。然而就在战争开始前几年，这种乡村医疗活动又一次在中国各地涌现出来。多家教会医院的乡村医疗活动同步恢复，他们独立运行，未经协商，这不得不使人感叹，是有着圣灵的明确旨意引领我们进入事业的新领域。

乡村医疗活动在不同地区的开展方式也各有不同。但我们首先开始的是被称为"巡回医疗（raid）"的活动，也就是派出一支医疗小分队，通常包括至少一名医生、一名护士和一名药剂师，他们游历乡间，比如半天时间，尽最大可能为自愿前来的病人诊治。虽然这开了一个好头，但它不像正规的医疗服务那样令人满意，并自然而然地发展成为所谓的"医疗帐篷"［我借用了河南的罗明远（Robert Bob McClure）[1] 医生的术语］，即类似的团队轮流到不同地方，或者由住院医生或护士建立某种医疗机构的分站。

我妻子是这项工作的主管护士长，协助她的高美龄小姐是我们培养出来的中国护士。我们的"巡回医疗"活动足迹遍及杭州周边6～60英里的地方，但不包括杭州城西60多英里的於潜，医院以前的一名中国护士已经在当地与教区一起开展了护理业务；还有杭州东北17英里外的临平，我们派了一名资深护士住在一位中国长老会牧师家中，并且会定期去当地进行巡回医疗服务。

临平的诊所是我们工作量最大的一个，有一次，我们竟然接待了600多名病人就诊。因此，我们把当地的长老会教堂作为候诊大厅，病人就诊时就使用隔壁的牧师办公室。当时我们得到了安尔吉（J.H.Arthur）[2] 牧师的大力协助，他来自杭州长老会传教使团。牧师

1　罗明远（1900—1991），又名罗光普，加拿大长老会医疗传教士，随父罗维灵在河南长大，高中毕业后回加拿大攻读大学，取得博士学位后又回到中国，长期在中国豫北从事农村医疗工作，建立了"怀庆农村医疗网"。后转至台北加拿大马偕纪念医院任职。

2　安尔吉，美国北长老会传教士，驻杭州。与费佩德、甘博等是摄影好友，曾结伴顺长江而上，拍摄了四川、西藏等地风景。

不仅经常亲自驾车送医疗队成员往返临平,而且向候诊的病人布道,在病人等待得不耐烦想要挤进诊室的时候还充当守门人的角色。安尔吉牧师的无私帮助不限于自己的教区,他还经常随同我们一起前往富阳——一个杭州西南 25 英里的圣公会教区。我们的原则是不管基督教哪一个教派在该地区有教堂,都要与他们合作;如果可能的话,牧师要在礼拜堂或者教堂布道。如果当地没有牧师,我们往往会携医院的初级教士(牧师)崔雅廉(Tswe Yah-Lien)前往。平时我们也会为等候的乡民举办公共健康讲座,每次选择一个主题,如"不要随地吐痰""经常给婴儿洗澡"之类。

在富阳,一个非基督教徒家庭将他们宽敞的乡间住宅提供给诊所使用;而在上天竺,人们允许我们使用寺庙行医,神职人员甚至可以在寺庙中布道。医院的另一项工作是与佛教徒一起工作。

1923 年,艾香德(Karl Ludwig Reichelt)[1] 牧师,一位挪威路德教派传教士,开始采用一种新的方法向位于南京景风山的和尚、道士以及俗家的虔诚信徒传道。在那里,他会尽可能地在一种类似他们各自宗教的氛围中传授基督教义。(在宗教教义上)他不与其他宗教妥协,但在许可的外部条件上,会让他们宾至如归。比如人们可以在指导下过着僧侣的生活,饮食上保持他们习惯的素食;教堂的家具也按照东方的样式设计;在汉语歌谣中加入基督化的语言等等。不到几年工夫,至少 1 万名佛教和道教徒到访过这个中心和艾香德

---

[1] 艾香德(1877—1952),挪威人,路德教派传教士,研究佛教。1922 年创立差会在中国佛教徒中传教。著有《中国的宗教:中国宗教史手册》《远东的宗教生活:中国大乘佛教研究》等。艾香德曾先后在南京、上海、香港、杭州创办专门与佛教徒对话的"景风""道风""天风"机构,推动"宗教联合运动"。

博士位于香港新界附近的新基地。我与艾香德博士在1932年初相识，彼此相互理解，感觉非常志同道合。

杭州是中国佛教氛围最为浓郁的地区之一，光城区就有至少70座庙宇寺院，通过医院，我们与佛教徒一直保持着友好的关系。我们重新启用了一家差不多被废弃的英国圣公会疗养院，并把它改造成为与佛教徒朋友交流的中心。经过了两期（学习）时间，有一些僧人与道士通过艾香德博士的努力，已经转信基督教。他们住在医院里从事相关的工作。这类活动最令人欣喜的特色就是在旧疗养院里偶尔会召开佛教徒与基督教徒的会议。我们常常在走廊上一起用素食午餐，之后在小教堂里举行一场精心准备的基督教仪式，这个场所是利用原有房间布置而成的。随后是自由讨论的时间，基督徒和佛教徒都要发言。对于那些希望延长学习时间的人，我们无法满足他们的愿望，就送他们往沙田艾香德博士处，有12名杭州地区的僧侣以这种方式成为基督徒并进行了受洗。

我们的另一项进展就是针对杭州的黄包车苦力的布道。古得胜医生对这个经济困顿、过度辛劳的阶层深怀同情。他发挥了重要作用，联合各个教派成员组织成立了一个中心，在这个中心，这些人能够获得廉价的食物、医疗救助、住宿以及学习基督教教义。

在我们的内部组织中，最成功的要数由巴格罗修女成立的"护士领受圣餐者协会"。协会的月度联合圣餐仪式、年度聚会，以及其他中心的分支机构为我们的基督教护士们团结在一起并保持信仰贡献颇多。尽管只有一个分会是医院组办的，但我还是觉得有必要说一下在杭州的吴慈（Margaret Woods）小姐的主日学校工作。她来自新西兰圣公会，有一种天生使中国人信任的本领，并且教会他们去传授教义。以这种方式，主日学校（有些甚至在工作日开放）遍及省内，在各个阶层和年龄段盛行，从富人到贫民，从黄包车苦力到幼小学童。谈起她的贡献，吴慈小姐总是很谦逊，但是我知道一度有不少于1万名儿童和成人同时在她主办的各个分校学习。

然而，当这些工作开展的同时，战争的阴影正在远东蔓延。1936年夏天，妻子回英国探望孩子，我也前往日本度过一个短暂的假期。我看得很清楚，日本正在准备进攻某国，大概率是中国。因此，我买了一本学习日语的教科书在杭州的卧室里自学，感觉有一天我应该会用到它。

中国也感到了战争的威胁。杭州城外笕桥陈旧的小机场，曾经在1932年服过役，业已经过现代化改建，雇用了一群美国教官，附近还建了一座飞机制造厂。中国人也开始在山上准备大型的防空洞，其中一处正建在我们麻风病院对面。

| 第七章 | **第二次世界大战初期战事**

1937 年 7 月 7 日晚间,我正在调试一台小无线电接收器,本来我们夫妻打算第二天把它带到避暑的木屋去,就在杭州西南大约 40 英里的莫干山。我收听的电台是南京台,用英语播放新闻,大意是中日两国军队在北平城外的卢沟桥发生摩擦。[1] 我当时没有意识到,第二次世界大战(在亚洲)的第一枪就在那天打响了,中国此后进行了长达八年的全国性抗日战争。如果有任何人质疑,谁是引起战争爆发的罪魁祸首,那么请他扪心自问日本军队在中国内陆附近 100 英里处做什么!这与从前允许列强拥有"象征性"的卫队保护北平"使馆区"大使馆的行为截然不同。

1　即七七事变,又称卢沟桥事变,发生于 1937 年 7 月 7 日,揭开了我国抗日战争全面爆发的序幕。

在七七事变开始近三周的时间里，这一事件对我们所在的地方没有直接的威胁，但每个人都焦急地等待北方传来的消息，那里激战正酣，人们都迫切想了解战争波及上海还需多长时间。没过多久，一次"事件"很快发生了。一名日本海军中尉与他的水手被一名中国哨兵射杀，因为他们未在进入上海某机场入口时接受质询。这次事件被看作是 8 月 13 日发生在上海地区的陆海空联合进攻的信号。8 月 14 日，中国空军从位于杭州的笕桥机场起飞，反击停靠在日本领事馆附近黄浦江上的日本旗舰"出云"号。日本立即无线电召集更多的空军支援，他们的轰炸机随即从台湾起飞进攻杭州。进攻大概开始于下午 4 点钟，虽然明知不妥，但当时我正与高德斯主教和医院的英文秘书慕德明（Sam Murray）在闸口附近的亚细亚火油公司喝茶，那里在沿河郊区，离医院大约 5 英里。正当我们准备咽下最后一口黄油吐司时，警报大作，医院打来电话说日军发动空袭。我们急忙冲下山去，亚细亚火油公司的汽车正等在那里，准备送我们回去，但就在钱塘江大桥旁，被一位负责的警察拦住了去路，那里的江面宽度几乎有 1 英里。我们站在雨中等了仿佛有数年光景，实际上，我猜差不多有两小时。爆炸声不时传来，一架巨型轰炸机从江上飞过，很明显是直奔大桥而来。我们正打算跳入池塘躲避，那是周围唯一的掩护，却发现轰炸机后有两架中国战机尾随追击。之后，警察接到市政府的电话指示允许我们通行，但是我们却没有空袭期间所需的通行口令或通行证。在抵达第一个哨所时，我们有可能需要接受盘查，那时，只见一名中国空军军官站在路边，他请求搭个便车，我们也借此机会获准进城。回到医院后，医院职工们早已按照先前的安排各就各位，并且表现异常镇定。这多亏了医院

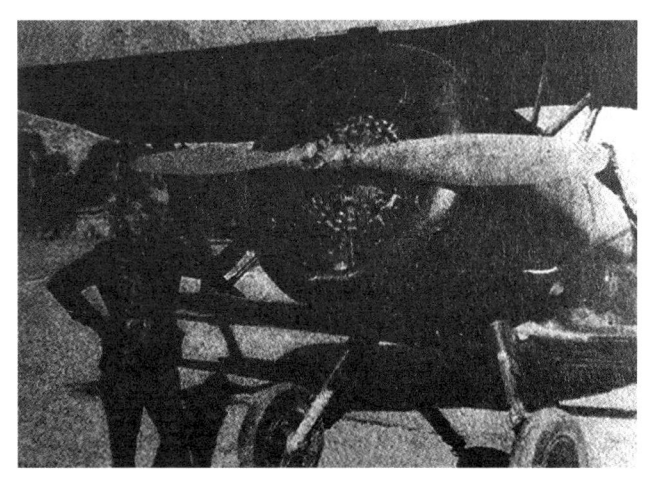

■ 在轰炸日军第三舰队时首开空战全胜记录的高志航和他的座机

的中国助理护士长卢福恩（Lu Foh-En）小姐，在护士长甚至我本人都不在场的情况下，她将所有的护理人员安排到位。

第二天，我们遭遇了三次空袭，其中一次，双方战机就在广济医院上空缠斗，中国护士们跑到阳台上观看，亲眼见到中国空军击中三架日本轰炸机，她们不住地鼓掌叫好。在日军占领杭州前的4个月里，我们听到至少251次空袭警报，其中一次是假警报，目的是驱散在火车站捡炸弹碎片的人群。

从战争开始，中国教会就显示出它会在精神层面上直面战争。最初的礼拜日，我们决定在本教区举办一天联合祈祷和禁食。本次仪式由80岁高龄的倪良品（Nyi Liang-Pin）[1]牧师主持。他告诉教众

---

[1] 倪良品，中华圣公会牧师，长期在杭州服务，主持圣公会堂务、职业传道等，在《中华基督教会年鉴》上发表《浙江教会》《浙江教会现状》等文。

禁食就是禁食，不是让人们等仪式结束后回家再吃一顿美食。

第一天晚上，就有在空袭中受伤的飞行员被送到我们医院。不久，受伤的中国士兵开始陆续从上海战场由火车运达。一天，我们接到通知，要求准备在下午 3 点接收 35 个重伤员，但到了下午 4 点，送进来的重伤员竟然超过 60 人。医生、护士、配药员、行政人员将加床推进病房，冒着盛夏的高温为伤员清洗、喂食、换衣服、包扎伤口，而在此之前，伤员们在转移的 4 天当中一直处于无人照料的状态。人们意识到中国医务人员竭尽所能的决心。

像 1932 年一样，上海北站再次成为战争的焦点，只不过这次规模更大、更惨烈。伤员们从上海南站运抵杭州，尽管不止一列满载难民的火车曾遭到惨无人道的轰炸，但直到几周后那里才真正卷入战争。不久，杭州就涌来超过 1 万名伤员，他们挤在医院、学校、寺庙以及任何可以被安置的公共建筑里。最大的临时医院设在灵隐寺。灵隐寺坐落在山脚下，风景优美。佛教在 4 世纪由一位印度僧侣慧理（Li-Kung）[1] 传入杭州，其圆寂后就葬在此处。

正是这段剑拔弩张的时期，我们意识到合作对我们在战争期间的工作至关重要，并且我坚信今后的工作也是一样。上海美国基督复临安息日会的罗利安（E.L.Longway，或罗威）牧师用轿车载来医疗用品，送给我们以及仁爱医院。他通过中华医学会获得这批物资，冒着生命危险亲自驾车 120 英里送到杭州。第二次运送物资时，罗利安牧师的车辆遭到轰炸和机枪扫射，幸运的是他在炮火中安全突

---

[1] 慧理，晋代天竺僧人，生卒年不详。东晋咸和（326—334）初年，从中原地区游历到杭州弘法，创建多所佛寺，其中以灵隐寺最为著名。

■ 理公塔

围,但车已严重损坏,只能被拖回杭州。他到达时,我因为流感正卧床不起,他见状跪在我床前,我们一起感激上帝对他援送物资的庇佑。

后来,来自宁波美国浸礼会的汤默思(Harold Thomas)[1]医生、

---

[1] 汤默思,美国浸礼会医疗传教士,1919年或1920年抵达宁波,协助华美医院院长兰雅谷工作,1934年汤默思担任华美医院外籍院长。抗日战争全面爆发后坚持在宁波救助难民。

宁波英国循道公会的柯义培（A. A. Conibeare）[1]先生也用汽车满载医疗物资，搭乘英国汽轮，越过杭州湾，趁着宵禁运到我们这边来。我永远不会忘记，杭州即将陷落，我们每天生活在枪炮声中。后来，汤默思通过长途电话与我聊天，他说："上帝保佑你，老伙计。"这句话对我意义非凡。

9月底，日本人突然在杭州与上海之间的杭州湾登陆，这一行动使得上海的中国军队腹背受敌。很显然，杭州落入日本人手中可能只需要几周的时间。

1　柯义培，英国循道公会传教士，1922—1947年间在宁波服务，曾任循道公会宁波教区长。

| 第八章 |　**历劫之城**

很显然，杭州将会沦陷，官员和平民百姓都在为这不可避免的劫难做准备。每天有成千上万的人逃离城市，他们随身携带尽可能多的财产，有些人沿着浙赣铁路逃难，有的则逆钱塘江而上，其余人前往他们位于浙江省内各地的老家，更多人会沿通往安徽的道路西行。我们估计到 11 月 20 日左右，这个平时有 80 万常住人口的城市只会剩下 10 万人左右，但是还有 10 万曾经藏在附近乡村和城镇的人们会在月底返回。日本人把南京，而不是杭州，作为他们的首要目标，让我们有了一丝喘息的机会。那些留在城里的人大部分都是杭州本地人，他们说着纯粹的杭州方言，与其他三分之二来自"吴方言"区，比如绍兴的人们明显不同。1861 年至 1864 年太平天国起义时，杭州四分之三的人口殒灭了。

在撤离的这段时间，每个人心情都非常低落。一天早晨，中国基督教青年会的秘书朱孔阳先生前来看我,他说:"当那天来临,如果我们能够拯救杭州免受巷战的话,就太好了。"我说:"那当然好,但怎样才能办到?"朱先生提议,由我发起,邀请高德斯主教、梅占魁(Deymier)主教(罗马天主教会)及长老会的明思德牧师,另有邮务柯登(Stapleton Cotton)先生、亚细亚火油公司经理魏礼士(Frank Willis)先生一起到我家开会,商量具体事宜。他承诺将中国商会代表也一起邀来。见面后,朱孔阳告诉他们,我们当中很多人都是基督徒,相信祈祷的力量,之后他就让梅占魁主教领着我们一起祷告。因为没有共同的语言,我们花了很长时间用英语、汉语和法语讨论当时的局势。最后会议决定:向中国守军司令部,并经由英国、法国及美国驻上海总领事向日方发出请愿书,恳请体念伤兵、难民,并顾及杭州的自然和文化之美,希望能避免在杭州市区内作战。请求最终幸运地被双方同意。中国军队还悄悄告诉我们,如果战争到达郊区,从哪条路可以撤到城外。

10月中旬,人们被消极颓丧的气氛包围,许多老字号商户纷纷关门,大量家庭迁徙,每个人都对未来茫然无知。不知为何,11月15日,沮丧的情绪尤为明显,这时,我们的老朋友也是邻居、杭州市卫生局处长张信培[1]前来拜访,他说:"苏达立,能否请你们医院接收1000名重伤官兵,以免他们在杭州沦陷后遭受日军杀害?"

---

[1] 张信培(1899—?),浙江鄞县(今属浙江宁波)人。广济医校第八届医学生,1922毕业于美国宾夕法尼亚大学医学院,获医学博士学位。旋于1933年再度官费留美,入霍金大学医学院,毕业后任中国红十字会上海国际委员会第一难民医院院长及第二医院院长。其间任杭州市政府卫生局处长、局长等职务。后移居美国。

听到如此重大的请求，我倒抽了口凉气，张博士马上又补充说，如果我们愿意接收，医院附近的公立学校可交予我们作为分院，并且他们会提供一切必需费用。他说现在有 1 万名伤兵住在市内及郊区，其中 9000 人可以撤退到后方，但 1000 名重伤兵无法转移。

我把职工都召集起来先为此事祈祷，然后详细讨论如何处理。高德斯主教与我一起去见周象贤市长，我们同意接收伤员。周市长当即从保险箱中取出一张早已准备好的 5 万元（中国货币）支票递给我们。当时我们的财政已经非常拮据，当情况已经真的到了连 1 元钱都没有的时候，我就在办公室向上帝祈祷赐予我们所需，心中怀着这样的信念，他就一定会这么做。这 5 万元意味着我们可以有足够的物资照顾那些伤兵数周之久，同时我们也开始每月接受来自伦敦市长的中国救济基金。

大部分伤兵来自城北的一家后方医院，与他们一起来的还包括几名医生、职员和几个接受过急救训练、可以暂时帮忙的女孩子。不过，这支临时医疗队伍所有训练有素的医务人员，都在我们称之为"第二分院"的地方完全建成后、城市陷落以前离开了。因为周市长一周前曾说城市随时会被攻陷，因此我们慎重选择了无法撤退的重伤官兵共计 660 人，在 11 月 22 日这一日的凄风冷雨中，将他们转移到了第二分院。我们自己的医务人员在常规病房工作。我妻子是唯一训练有素的护士，可以负责辅助护理人员和接收伤员。我们一直发现上帝会在危难之际赐予我们所需，而在平凡岁月中亦是如此。不久他就为我们派来了急需的受过训练的医务人员。

杭州以北 60 英里的湖州市，那里有一家美国卫理公会主办的非常完备的小型综合医院[1]。医院就坐落在城外杭州通往南京的主路旁，对于院长孟杰来说，这条路很快会成为日渐逼近的战争前线。因此他决定放弃医院，带着职工与能搬走的医疗设备，利用汽车、交通艇和借来的卡车统统撤走。到达杭州后，他们在一家旅馆栖身。随后孟杰先生、高德斯主教、慕德明和我一起商谈有关事宜。经过讨论，大家一致同意目前最明智的办法就是将福音医院的职工暂时并入我们医院，主要为伤兵服务。这是孟杰先生在战时第三次与我们合作。第一次世界大战时他跟随美国红十字会从海参崴穿越西伯利亚到达俄国的欧洲部分。和他在一起的还有我们医院的陈西美医生。1928年二次北伐战争期间，他曾与我在红十字委员会并肩服役过一段时间。我在第四章中提到过。

合并协议一达成，福音医院的职工随即搬入。看到他们的中国护士在护士长石（Shih）小姐以及美国修女莫顿小姐的带领下，换上制服，与我们疲惫的医务人员一起尽职尽责，我们内心充满莫大的喜悦与勇气。

田博士是伤兵转出医院的负责人，也一度管理我们的第二分院，但不久后就随中国军队南下。孟杰先生接替了他的职位。同时田浩征博士成为我们分院的总干事，他是杭州知名的律师，也是基督教徒。

第二分院成立后，朱孔阳先生又来找我："我们已经走出了第一步，现在要继续前进了。"我问他接下来要做什么。他回答我们应该召集所有慈善人士和机构，共同协作，为杭州的百姓服务。又建议召

1　指福音医院，现为解放军陆军第七十二集团军医院。

集所有基督教机构，不管是罗马天主教还是新教，再加上佛教徒的代表，大家一起开个会。他问我是否还能想到其他人，我又加上道教和伊斯兰教（杭州有一座13世纪的清真寺[1]）。他又加了一句："我们会在您家里集会，或者您夫人能准备些茶点。"听上去好像并不困难，因为所有与会人员只有26人。会议仍以祷告开始。两名佛教住持、一名道长，以及一位伊斯兰教俗教徒在祈祷时与基督徒们一起庄严肃立。我们成立了一个国际救援协会，也成立了红十字委员会，该

■ 红十字委员会合照（后排左三为苏达立）

1　即凤凰寺，中国伊斯兰教四大古寺之一，以其形似凤凰，故名。该寺创建于唐朝，南宋末期毁于战火。元朝时著名伊斯兰教人物阿老丁开始重修凤凰寺，明朝时（1451—1493），再次扩建重修，最终形成凤凰寺的建筑群规模。1646年，清政府下令再次重建，凤凰寺成为当时中国规模最大的清真寺之一。1929年，杭州市政建设拆除了该寺的寺门以及门顶上加建的五层木制望月楼。此后该寺又经过多次重修。

委员会在9年之后仍在运作。战时及战后红十字会共召开会议多达200余次。每次会前或者会中都会祈祷，这也成为我们的特色。我能证实，每当有棘手问题经过漫长讨论仍未解决时，静默祈祷总能发挥极大的净化心灵的作用。明思德被选为红十字会会长，我被选为秘书长，委员会成员分别来自中国、英国、美国及法国。

我们的首要任务是建立难民营，这样战争来袭，难民们就可以得到庇护。伤兵的护理工作在广济医院，平民的医疗救治在仁爱医院。我们决定在一些教会的院落、基督教青年会，以及城外的三个地方，包括西湖边的玛瑙寺，开设难民营。商会承诺会提供三天的配给，难民营会在红十字会认为有重大紧急情况时开放。

随着中立国人员从战区偏远地区撤离，我们从杭州撤离的问题也提到了日程。中国特别派出专列从新建成的钱塘江大桥将人们从宁波转到上海。我那时也有撤退的机会。但就我们医院而言，没有一个人离开，除了本该离开休假的诺思（North）修女以及冯氏女中的包撷思（Stella M.Purchase）[1]小姐。对于剩下的人，我们觉得是该给家人写告别信的时候了，也可以顺便让那些离开的人们捎回去。看着自己的朋友在这种沉郁的氛围中离去是一件极为悲伤的事情，但上帝给了留下的人们以心灵的慰藉。

1　包撷思，英国圣公会女传教士，1934年抵达杭州，在杭州冯氏女中任教。

| 第九章 |　**洗劫杭州**

月初，日军通过沪杭铁路向杭州东北 30 英里的地方推进，但暂时没有再往前。12 月 12 日，他们继续沿长江进攻，并以占领南京为终点。南京沦陷后，日军对这里进行了极度骇人听闻的洗劫。当中国军队控制下的上海地区最终陷落时，人们的苦难由于"饶家驹安全区"的设立在某种程度上得以缓解。法国罗马天主教传教士饶家驹（Jacquinot）神父，在上海南市划定了一块区域作为难民的避难所[1]。

---

[1] 1937 年八一三淞沪抗战打响后，饶家驹神父作为中日双方的调停人，以多重临时身份分别与上海市市长俞鸿钧、日本驻沪总领事冈本季正商定了一些非正式的"协议"，同意在南京市设立一个供非战斗人员居住的区域，在战争时期保持该区域的非军事化。由于各方在该区域性质和主权等问题上争执不下，饶家驹以高超的斡旋技巧提出用自己名字命名一个特定的"饶家驹区"（La Zone Jacquinot，也称"饶家驹安全区"），获得了各方认可，1937 年 11 月 9 日中午 12 时开始实行，这就是世界现代史上第一个战争时期的平民安全区"饶家驹区"。

美国和其他国家的传教士也在南京划定了类似的安全区却没有得到尊重。我们有他们的证词，很多男性囚犯甚至被日本人绑在一起，淋上汽油活活烧死。这使我们必须更严肃地面对杭州的形势。我们决定不允许16岁至60岁的男性进入难民营，这样就可以避免给日本人借口，指控我们窝藏便衣士兵，从而制造像南京那样残酷的暴行。

12月22日，我们意识到杭州的沦陷迫在眉睫，中国军队已经撤退到钱塘江南岸离城市几英里远的上游。政府官员及警察亦已离去，只有义勇救火队在维持市区治安。那天晚上中国人开始破坏设施和工厂，以免被敌人利用。

摧毁工作开始于江上的一座浮码头，他们将烈性炸药装满一火车头，准备第二天一早就炸掉一座大型现代化的发电厂。23号一整天，城市都混乱不堪，因为所有的商店都关门了，饥饿的市民砸开米店抢夺粮食。红十字会委员会决定开放难民营，我亲自去各处了解情况，发现人们情绪尚可。下午，最后一支中国军队从城中有序撤出。尽管伤兵们都被尽量转移，可还是有202名无法移动的伤员留了下来，另外还有我们的平民病人。

那天下午茶时分，新建的钱塘江大桥被炸毁。它总共16个桥墩，中间的4个桥墩首先被摧毁，最后被毁掉的是桥的南端。爆炸发生的时候，我正站在家里的台阶上，距离大桥5英里远，但爆炸的威力仍使我像个醉汉一般摇晃不止。

柯登、魏礼士和一群俄国工程师从大桥处撤到了医院，因此为我们在危难之际增加了一些工作人员。另一方面，欧美一些团体的救助机构也在附近的蕙兰中学建立起来。美国浸礼会传教士葛烈腾

（Edward Clayton）先生，中国内地会的富裕生（Charles Fariclough）牧师，"破坏者（"Buster"）布朗（Brown）——一位加拿大保险代理人，他在发电厂爆破时正在通往钱塘江大桥的路上。"破坏者"在后来的危机中扮演了英勇无畏然而却有些鲁莽的角色。

次日早晨大概9点钟，亚细亚火油公司的司机向魏礼士先生报告他看见日军出现在城区的西北门，并遭到射击。与此同时，城里仅剩的一辆消防车冲到医院大门口，我们被告知日军出现在城市北门。这时，医院的工作人员正在为圣诞节布置教堂，大家仍继续平静地工作。我交代关闭医院大门，然后用专线电话联系红十字会，这部电话是政府拆除市区电话设备后，特别通过隐藏在山洞里的交换机为我们准备的。我们等待着，不久消防车回来了，车上还坐着一个日本兵。我们让他去找个军官与我们交谈。接着，大量的日本兵涌入城中，这些人疲劳污秽，三三两两地坐在人行道上。不久木野（Kino）大佐来到医院，委员会要求他尊重红十字会难民营，他也答应了这一要求。我问他如何对待重伤士兵，他说会将此事报告给将军，然后就离开了。

就在他离开时，一个日本翻译野野村（Nonomura）先生（他有一半朝鲜血统）拿了一封介绍信走了进来。信是杭州罗马天主教会的康威（Conway）神父写的，信中说，在湖州沦陷的时候，这位信使帮助良多。野野村先生和红十字会中国及法国的委员留下来，与我们共进午餐。我们了解到他的父母都是基督徒，他可以流利地说汉语和英语。他答应保护中国伤员，说到做到。在杭州的两周他的确提供了大量的帮助，并为红十字基金捐款，但不久他就在上海被投入监狱，罪名是在邮局近旁持械抢劫钱财！我

■ 日本牛岛部队侵入杭城

后来又见到他,他的托辞是他与合伙人都认为那笔钱可能被用于不正当的目的。

圣诞节的早晨,天气晴朗,但从上午开始就酝酿着巨大的灾难。我们在医院教堂以圣餐礼开启一天的活动,参加者包括我们中国、英国的工作人员以及俄国朋友。早餐后,高德斯主教又用英文为一位英国病人以及他的朋友主持了一场祝祷活动。这时日本人向城西南中国驻军所在地发动大举空袭。我前往麻风病院宣讲时,发现一支日军骑兵团就在医院后面向城内疾驰,在"哒哒"的铁蹄声里,自己很难投入"对世人的善意"的布道中去。那天下午,真正的危机才刚拉开序幕,大约9万名日本兵涌入城中,包括臭名昭著的东京牛岛军团,这个军团对杭州所经受的浩劫应负重大责任。我认为师团长牛岛(Ushijima)[1]将军战后未及接受审判,因为他在冲绳岛战役中输给了美国人,切腹自杀了。他的头颅被送还给日本天皇。

圣诞节中午,日军开始占据杭州。到了晚上,他们破门进入各类建筑,大肆抢劫掳掠。极端恐怖统治才刚刚开始,整个城市至少90%的民房被劫掠,大量妇女惨遭凌辱。从12岁到70岁的女性,没有一个是安全的,不断有遭受凌辱迫害的女性被送到医院救治。恐怖统治的另一个特征就是不断有房屋被焚烧。但我认为公允的说法是很多火灾并非有意造成。日军从沿途乡下抢来大量的猪,赶到城里庆祝他们的胜利。他们在民房中拆下楼梯板,并在房中进行烧烤,吃后就弃之不顾。多处火灾都在医院附近,看着大火熊熊燃烧,人们心中既沉痛又害怕,我们的工作人员不得不随时待命以应对每一个紧急情况。我们也一度随时准备撤出自己的住处。由于自来水厂停工,火灾变得更加严重了,城市里唯一的消防队是一支志愿消防队,他们仅有的设备是手动水泵,这显然于事无补。在这种恐怖气氛下,为了寻求庇护,有1.7万多名妇女、儿童及老人涌进红十字会难民营。佛教、红十字会等团体合作设立了"红卍字会难民营",也收容难民大约8000人。

红十字会难民营位于外国人的势力范围,全都悬挂着所属国的国旗——英国米字旗、美国星条旗,或者法国三色旗,无论哪国都

---

[1] 牛岛贞雄(1876—1960),日本熊本县人。七七事变后,日本开始逐次向中国战场增兵,牛岛贞雄出任第十八师团师团长;1937年牛岛率部在杭州湾登陆,并于12月24日攻陷并占领杭州,牛岛贞雄将其司令部设在杭州日本领事馆内,由此开始担任警备并维持治安。1960年9月1日死亡。文中苏达立的叙述有误。

还额外悬挂红十字旗。即便在红十字会的庇护下，还是有 3 名妇女遭受暴凌，她们当时在中国救济院下的一个小营地，受法国罗马天主教和美国长老会管辖，是杭州城西北角的大难民营的分支，但二者相隔大概四分之一英里。

恐怖笼罩下的一丝亮光来自宪兵藤丸（Fujimaru）军士，尽管没有皈依基督教，但他曾在日本的美国卫理公会学校求学。他英语极为流利，从开始就尽全力与红十字会合作保护中国平民。最初得到他的帮助时，我带他与他的长官藤野（Fujino）上尉在难民营和外国医院巡视。在麻风病院附近，我们发现了一个 18 岁左右的姑娘和她的老父亲正要被一个日本兵强行带走。我们拦下了那辆车，藤丸冲过去抓住那个士兵，用力扇他的脸，并问他叫什么名字，然后把中国人给放了。那个下午，针对劫掠者，同样的事情他做了两次。他身上的这种品质使他和大部分的日本人都截然不同。有一次，一个日本兵跑到一位老人家中用刺刀威胁老人，老人的小孙子看到藤丸走来，就跑过去环抱住他，恳求他救救爷爷，藤丸也是这么做的。作为红十字会的秘书，我的职责是每天在卫兵轮岗的时候陪同

■ 苏达立的中国红十字会杭州分会会员证

藤丸视察所有的难民营。我清楚地记得,电气公司又开始重新运转那晚的奇怪场景,电灯突然大放光明。之前发电厂被炸毁时,所有开关都是开着的状态,空荡荡的民房又灯火通明,大街上一群群日本兵正举着点燃的火把仔细搜查城市的角角落落。1938年新年过后,日本人在家家户户门前都摆放了门松[1]——这是他们国家的习俗。这种微光在饱受重创却又经过粉饰的城市里给人一种奇怪的、不真实的感觉,尤其是当你从救护车中不时看到藏在街角处、模糊的中国人的暗影试图趁着卫兵不注意蹑手蹑脚地穿过主路的时候。

居住在杭州的外国人也经常遭遇不幸事件。慕天锡(George Theodore Moule)[2]先生,是已故主教慕稼谷(Rev. G. Moule)之子,从事考古学研究,退休后在杭州生活多年。城市陷落时,72岁高龄的慕天锡,身体状况已经很差,但这一切仍无法阻止他被冲进寓所的日兵击倒在地。幸好,他的仆人给我们送来了消息。我和医院大门的一个守卫赶过去,抓到了行凶者,把他带到宪兵司令部,我很高兴有幸目睹他被狠狠地扇耳光的情形。还有一次,一个醉汉日兵闯进罗马天主教传教会,扇打梅占魁主教的脸,幸而一位日本基督徒医生——田中(Tanaka)上尉正在找我,我接到电话赶紧过去制止,田中上尉与我同行。我们将行凶者当场抓获,他当时端着刺刀东倒西歪,田中将他赶出了布道所。后来又发生了对吴山上的天主教修道院的劫掠,当时修道院里只有几个老年修女和院长来"看守",老

---

[1] 指日本正月期间放在家门口由松树和竹子制成的装饰。
[2] 慕天锡(1864—1942),英国圣公会浙江教区主教慕稼谷的儿子,曾任职于江门关署理税务司,从事考古学研究,经常在欧洲的顶级汉学杂志《通报》(T'oung Pao)上发表有关杭州历史研究的文章。

院长住在花园的另一端。这次事件，林语堂在他的小说《京华烟云》中作了描述，但并不准确。布瓦莱（Boillet）神父曾在一战中为法国军队服务，他请我去帮他的忙。在一名宪兵的陪同下，我尽可能将救护车开到山脚下，然后步行上山，进入修道院。我劝她们收拾自己的随身物品赶快离开，到仁爱医院去。当我们等她们的时候，修道院又遭受了一波抢掠。但是这次我们进行了突袭回击，宪兵抓住了头目，用力捆打他的脸，并把他抓了回去。我们带着修女们下山，快要走到救护车时，突然发现有一帮士兵在打砸店铺。宪兵又一次将头目抓住，让他们两个头目在街边并排站立，捆打他们的脸。之后，宪兵问是否可以借用我们的救护车，我欣然同意。我们让6名修女、布瓦莱神父和两名犯人坐到车里，我与司机和宪兵站在车外。犯人被带到了宪兵司令部，修女们则被送往仁爱医院。她们从未忘记这次事件，5年后当我们成为日本侵略的受害者时，是她们为我们收藏起私人财物。

领事馆的武官西野（Nishino）是个既可笑又讨厌的日本人，总爱盘问我们各种情况。红十字会成员在联名签署反对强奸妇女的抗议书时，他也在场。一开始他并不理解我们的意思，查字典后却突然爆发出大笑。还有一回，他问我"圣餐仪式"与"共产主义"有什么关系，当得知二者无丝毫关联时，又问"为什么这两个词在字典里是排在一起的"。

针对外国建筑区的空袭还是时有发生。我们安排了巡逻守卫医院。高德斯主教负责夜间值班，在我为红十字会工作时，是赫度医生与贾乃德（Mary Garnett）小姐日复一日地守护着医院大门。这个过程苦不堪言，但她们学会了当日军的枪口透过大门指向她们时，就躲在混凝土围墙的后面。高德斯主教称二人为"门神"。这称号来自佛教寺庙大门上的金刚形象。

日本兵占据了蕙兰中学附近的美国浸信会教堂区。布朗听说此事后，只穿着睡衣和雨衣跑过去，赤手空拳把三个士兵扔出门外。他一直坚信自己是无敌的，也是这种信念让他敢于做大部分人都会望而却步的事。

布朗最危险的壮举是从杭州前往上海[1]。他返回时和随从乘英国汽轮到宁波，在距杭州25英里的富阳突破日军的防线时，被日本人逮捕，蒙住双眼后送到一处船坞。他们被靠墙捆绑，听到一队士兵停到面前，还听到步枪枪托撞击地面的尖锐声响。随从说："他们要枪毙我们。"布朗回答："枪毙你，可不是我。"但下一刻士兵们就离开了。蒙面布被除下后，他们发现自己身处杭州西湖旁的新新饭店。被单独囚禁后，他们又被带到上海。布朗为他的冒险越轨行为道歉，

■ 广济医院的难民

---

1 此事更详细的记载可见于葛烈腾著《人间世》（浙江古籍出版社，2019年）。

并要求给他发放重返杭州的通行证，很幸运日军同意了他的要求。

那段时间，城市气氛阴郁，沮丧。食物短缺，穷苦的中国人等在日本军官的垃圾堆旁，就为了能从锅底找到一星半点儿焦糊的锅巴。但没想到几年后，我会在集中营的厨房里看到自己的同胞狱友做着同样的事情。

日本人也没有多少东西可吃。他们的马在进城时同样是饥肠辘辘，疲惫不堪，大口地吃着竹叶，好像人在津津有味地吃着冰淇淋的样子。有些马倒毙在街道上，尸体无人处理，直到饥饿的人们把马肉割去充饥。此时，我们空有能够识味的舌头，却没有能够消化竹叶的胃口。

红十字会难民营的食物由我们的救护车负责运送，我们每天会派专人照看，确保路上食物不会被偷。高德斯主教也会步行去各个难民营巡视，他的上衣口袋总是装得鼓鼓囊囊，里面是送给孩子们的一瓶瓶牛奶。在"牛奶之旅"途中，他还护送很多惊恐万分的妇女儿童去往安全的难民营。

| 第十章 | **杭州城外**

作为红十字会的秘书长，我的职责所在，需经常前往周边村镇巡视。这些村镇都曾是最近的战场。很显然，这些地区由于没有欧洲的目击者，遭受的苦难也要比杭州深重得多。

包括南星桥和闸口的滨江地区由于中国军队撤离时没有被彻底清空而成为主要战场。1938年初，有人报告有中国士兵受伤倒在闸口亚细亚火油公司所属房屋内。经理魏礼士先生希望回到那里的办公室，我们的中国总负责人李先生也希望回到那边的家去，他的狗被关在那里。因此我们成立了一支救援队，包括经理魏礼士先生、柯登先生、藤丸、李（文初）先生、傅维德（在危急时刻回来帮助我们）和我本人。我们去了亚细亚火油公司办公室，又把狗救出后，小心翼翼地进入闸口街道。那里全然就是废弃的"无人区"：被遗弃的尸体臭气熏天；有人刚被枪弹射死不久，仍浸在血泊中；很多人的头被砍了下来，饥饿的猫狗在啃食尸体。有一具尸体仍保持着跪下的姿势，脸上痛苦至极的表情是我有生以来从未见过的：他的头颅被砍却未全断，后脑勺被劈开。当我们沿路搜寻难民时，抑制不住的冲动迫使我大喊："这里还有人吗？"后来有人说当地发生了伏击，如果当时我没有喊叫出来，大家都会死于枪下。他们看见藤丸和我们在一起，根本没有意识到这伙人是在做善事，直到发现我们佩戴的红十字臂章和所抬的担架。他们告诉我们，就在我们去拯救伤兵的时刻，再前进10码就要走进埋伏着的中国士兵的射程。我坚信是上帝在指引我们，如果愿意相信，来自心灵的冲动并不仅仅是一种巧合。搜寻中，我们发现一户当地居民，并指引他们前往离此最近的红卍字会难民营。我们救助中国伤兵时，藤丸有风度地转身点燃了一支雪茄。然后他告诉我们，他是在红十字会手里才见到那个人的，所以没有必要把他囚禁起来。

之后，闸口地区又发生了多次战斗，后来这里又被纵火焚烧，长达八天八夜。曾经繁忙的街道、商店和仓库，如今只能看到一条路静静地从旷野穿过，房屋的残砖剩瓦随处可见。遭受破坏的力度

■ 挂着红卍字会旗的杭州岳庙，也是避难所之一

■ 1938 年乔司被日军屠杀的死难者埋骨之处戊寅公墓

要比我在考文垂、埃克斯特和南安普顿[1]见到的任何一处都更彻底。

在寻找难民时，我还到过一个叫闲林埠（Yi-Ling-Bu）的小镇，在杭州以西 12 英里的地方。向导邓明远（Dzen Ming Yuen）先生陪我前往，我们走在街上，两边的房屋都已毁坏殆尽，他说："我家就在这条街上。"我原想，他如果想要在这里找到什么，应该没有希望了。但当我们到达那里时，却发现在一片瓦砾堆中，他家的房屋安然无恙。我们喝了杯茶，然后他就去山里找到了藏在那里的妻子和岳母，并把她们安全带回了杭州。

我到访过最悲惨的地方可能应数乔司，它是杭州以东 12 英里的一个小市镇，就在沪杭铁路旁。[2]有人声称在当地发现了中国游击

1　二战期间的 1940 年，德军曾空袭轰炸考文垂等地。

2　1938 年 2 月 17 日（农历戊寅年正月十八）深夜，100 多名中国军人以情报组长鲁清（萧山人）、副组长贾文龙（乔司人）为向导，从萧山渡过钱塘江，袭击了驻乔司镇平家桥据点的日寇，歼灭驻平家桥据点的日寇 40 多人。第二天（农历正月十九）笕桥、杭州等地的 200 余名日军，从四面包围了余杭乔司镇，封锁了各个通道，开始惨绝人寰的大屠杀。繁华的乔司镇顿成一片瓦砾，血流成河，被害群众达 1300 多人，被毁房屋 7000 余间。

苏达立回忆录 / 075

■ 蕙兰中学的避难所

队员,所以日军使用远程炮火在这里打击了数日,然后占领了那里。我们第一次去巡视时未能进入市镇,但从邻近乡村救出了 333 名难民。第二天再次进镇的时候,战火仍未熄灭,能看到的唯一活物就是 3 名妇女(其中 1 名是盲人)和 1 条惊恐万状的狗。在城镇的一角,我们突然与日本士兵迎面遭遇,他们的目光正穿过沙袋堆筑的防护工事盯着我们。尽管将获得日军许可证的红十字会探访卡举过头顶的姿势让我极不舒服,我们还是以当下尽可能冷静的态度走上前去。经当地总部审查后,我们被获准离开。如果当时我就了解到这群日军从背后射杀平民的肮脏伎俩,走的时候一定不会那么平静。那天我们在镇郊只找到 22 名难民,把他们带到了杭州蕙兰中学的红十字会难民营。

| 第十一章 |　**日军占领下的杭州**

尽管在日军占领杭州的近 8 年时间里，从来没有真正意义上的安全感，但恐怖气氛也有渐趋和缓的时候。牛岛师团在占领杭州两周后被换防别处。我清晰地记得当时站在医院大门口看着他们花了整整一个小时路过，卡车里满载着掳掠的物资——精美的杭州丝绸从盖着帆布的卡车里露出一丝半角。

接替他们的士兵表现得没有那么恶劣，难民们开始离开难民营回到自己家中，尽管大部分人家都家徒四壁，空空如也。三个月后我们大量缩减了难民营的规模，但直到 1942 年才完全关闭。

在整个沦陷期，还是会有偶发性的捣毁房屋事件，尤其是在一起针对伪政府官员的暗杀事件[1]之后，日军有了借口对城市进行新的

1　葛烈腾的《人间世》中对此有所记载，详见第 249—250 页（浙江古籍出版社，2019 年）。

■"杭州治安维持会"成立合影

"搜捕"。最初关于恢复秩序的措施，是日本人利用一些知名的商人成立了他们控制下的"杭州治安维持会"[1]，"维持会"悬挂着1926至1928年国民革命期间就被抛弃的中华民国北洋政府的"五色旗"。几个月后，"杭州治安维持会"被"自治委员会"取代，最终日本建立伪省政府和市政府，使用和以前中国政府部门同样的名称。伪政府悬挂通常的中国国旗——青天白日满地红旗。为了和当时的国民政府旗帜区别，他们又另外悬挂了一面黄色三角旗，上有文字，意为"和平　反共　建国"。中国人一般不挂三角旗帜，托辞是容易被吹掉。最后日本人同意撤掉三角旗，因此伪政府与国民政府的旗

1　1938年1月1日，"杭州治安维持会"成立，会址设在新民路（今解放路）原国民政府中央银行内。"维持会"成立后，日军派特务人员驻会控制。"维持会"的活动，名义上包括难民和其他人员的遣送，召回逃往郊区的百姓和商店老板，恢复市面，维持市面粮食和蔬菜供应等工作，实际上其主要活动是征集物资供应日军。

伪杭州市政府

帜并无二致。

从 1937 年圣诞至 1940 年初，杭州一直处于战争前线，战线从钱塘江岸一直延伸到距医院 3 英里处。从 1940 年初到 1942 年 5 月，前线距医院 8 英里远，因为中国军队被迫撤退到萧山。

在局势的波动中，处于前线的杭州与国统区的距离很少超过 20 英里，直到战争结束。

另一个使得杭州商业无法恢复的原因，是日本人和伪政府使用铁丝网封住所有通向城市的入口。他们对出入的人都会搜身，查验证件，并对进入城市的商品如食物、燃料等大肆进行盘剥。也有商店渐渐开张，学校也是一样，条件是愿意屈服于日本人的政策。英美教会学校仍然关闭，或者宁愿在国统区范围内运行，也不屈从于日本的规定。

在一些措施下，形势渐渐恢复——至少表面上看起来是这样——

■ 日军占领下的杭州

日本的遏制策略以既微妙又公开的方式在其他方面取得了进展。他们在杭州设立的第一个机构叫作"特种服务局"。外界人士是不可能了解其中含义的，因其实质是一个宣传机构。特种服务局一度有对进入杭州的货物颁布许可证的权力，人们感觉该机构的"秘密服务"有着强烈的压迫感。有一家日军控制的中文报纸，其专栏言论大力亲日，反对英美，反对蒋介石，并且恶毒攻击我们医院。我和高德斯主教曾到该机构控诉，如果该报不肯道歉，将促请伦敦和东京注意。结果报纸迅速作出道歉。

1938年7月，又一起不幸事件发生。有一天日军宪兵队（军警，后为响应盖世太保成立）突然侵入医院，并派人在医院四处架设机关枪，共逮捕100多名康复期的伤兵。我们愤起抗议，结果只是延迟拘捕数小时而已。被捕伤兵被关进从前的军事监狱，室内拥挤不堪，除了短暂的放风时间，伤兵都被锁在各自的牢房里。那里的卫生状况令人作呕，蚊蝇孳生。我们与上海联系以后，向英国驻上海领事馆提出交涉，并通过英国国家广播公司与报纸广泛报道日本的行为。此事发生时，负责宪兵队的是一位会说德语、极会挑衅的新谷（Shinya）少校。我们感觉，如果藤丸上尉能在杭州居中调解的话，此次事件也许能以更温和的方式解决。人们对日军的印象一直以来就是，与英国相较，他们的军士更有权威。

最后，日本当局为缓和局势，允许我和高德斯主教在一个周日上午携带少量食物包裹探监，对伤兵稍加诊治。后来情况又进一步改善，允许我每两周去探监诊疗。那是个怪异的诊所，设在一个大厅里，后来有人告诉我，那里曾是行刑室。诊疗过程中，有日军士兵拿着刺刀对准我的背，监视我的一举一动。我的同事，古得胜医生在关键时刻休假归来，在诸如此类事情的处理上他是非常得力的助手，不巧的是那年夏天他因斑疹伤寒病了几周。杭州陷落时，沙近德医生与夫人正在休病假，他们于1938年夏天因为健康原因离开了中国。

至暗时刻亦有光明一面。伦敦市长基金多年来持续资助我们，甚至到1946年，仍作为"英国联合救助中国基金"（British United Aid to China）的一部分。战争早期我们也开始从美国接受类似援助，设在上海的"美国咨询委员会"（American Advisory Committee）负责掌管基金，美国红十字会处理实际医疗物资的存储和发放。这些机构都是通过我们医院以及红十字会开展救援工作，这样就可以将物资发挥最大效力。有了这些基金的资助，红十字会难民营才能正常运作，也可以使医院进一步扩大慈善事业的规模，如中国基督教委员会负责的儿童福利基金，为 2000 名儿童提供了饮食与看护。所有的努力都蕴含着基督教各教派，包括杭州的新教与天主教的通力合作。医院的礼拜堂从没有像那时一样挤满了人，过道里也摆满了椅子，人们的队伍一直延伸到檐外。曾经有 70 多名伤兵在同时等待接受洗礼，之后他们中的一些人还特地回来感谢我们。在复活节那天，我们教区有 75 名教众受洗，之后的场合也有数量相当的受洗仪式。

从前农村诊所里的仪器设备，被转移到红十字会难民营以及城市里的其他诊所使用。1938 年夏天，我们把剩下的大部分难民分到两个营地，一处在蕙兰中学，另一处在玛瑙寺——在蕙兰中学的病人如需要特殊的医疗诊治，可以前往四分之一英里外的医院。但我们必须在玛瑙寺诊所正常出诊，那里离医院有 2.5 英里远，更大的障碍是它在日军的铁丝网封锁线之外，这让病人很难进来。

本性——玛瑙寺的住持，是一位非常开明的人士，与我们进行各方面的热忱合作。那时一个大问题就是防止拥挤的难民营里出现传染病。像是水痘接种这种操作都不消说及：如果人们见到过杭州血性水痘（黑天花）暴发的情形，疾病确诊一两天之内就会致命，就没有人会甘冒不接受疫苗接种而得水痘的风险。更令人害怕的是斑疹伤寒——一种由虱子传播的疾病，而难民们身上都有大量的虱子。我们意识到想要控制疾病的暴发就必须大规模地给难民除虱。孟杰医生在全城搜寻，买到了两个消防车上的旧锅炉，又按照他的设计找到两个铁桶权当消毒器皿。在玛瑙寺难民营，我们又遇到了棘手的问题，因为根据轮回理论，包括各种动物在内的灵魂都

■ 寺庙客厅被改成了临时诊室，照片正中为苏达立

会转世投胎，所以佛教主张所有生命都是神圣的，通常不允许杀生，甚至杀死一只虱子或者蚊子都不可以。鉴于此，红十字会医疗委员会会议在寺内召开，我提出了执行灭虱行动是否正确的问题。本性住持立刻回答，如果这个问题是关于虱子的生命重要还是人类的生命重要，还是应该将人类的生命置于虱子之上，于是棘手问题得以解决。

玛瑙寺灭虱的工作落到了我的肩上，幸而有傅医生的帮助。由于天气非常炎热，我们才可以让病人们将衣物除尽，但为体面考虑，每人保留一件贴身衣物。傅医生才将病人们集合起来就遇到了麻烦，因为有谣言称我们要把病人们的头放到消毒器皿里消毒！我很感恩在杭州的难民营里没有斑疹伤寒的暴发。当大部分来自湖州的工作人员于那年夏天回去后，他们中的一些人在曾是之江大学内科医生

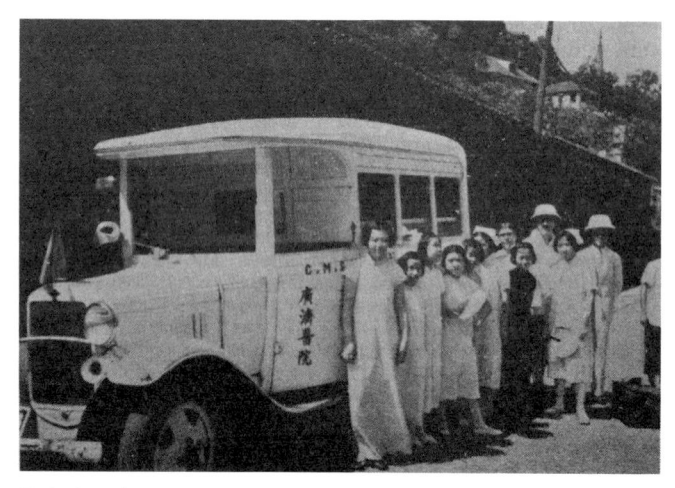

■ 广济医院的员工在玛瑙寺外与救护车合影

的翟培庆医生[1]的带领下建立了一家霍乱专科医院。医院设在弘道女中内，他们救治了 96% 的霍乱病人。

玛瑙寺难民营的传教工作是最令人振奋的。本性住持心胸开阔，允许医院职员在难民中传授教义，可以在寺庙南部的一个房间进行基督教仪式，而诊所设在寺庙中部，僧侣们的晚课则是在寺庙北边进行。顺便说一句，这些功课主要是一种"忏悔经文"，大约需要 40 分钟来诵读。一天，我妻子为一名女难民清洗腿部伤口时问她：

1　翟培庆（1902—1988），安徽泾县人，1925 年毕业于浙江省立医药专科学校，后到嘉兴福音医院工作，1927 年至明思德的新民社任医务主任，1932 年至 1935 年，赴日深造，获博士学位。回国后担任之江大学内科医生，杭州日据时期霍乱流行，翟培庆组织湖州福音医院在杭医务人员，组建国际红十字会杭州临时传染病院，借弘道女中校址，开设病床 100 张，完全免费（包括食宿）收治霍乱病人。

"你听说过耶稣吗？"这位陈夫人来自安徽，她回答说："我信任他。他是我的生命，我相信他的一切。"然后她解释说她在蕙兰难民营和上海同仁医院听过福音书，并想要接受洗礼。她带来的一位朋友也想受洗。就在杭州陷落一年后，从这所难民营走出的 11 名难民与其他 47 个人一起接受了洗礼，这些人中有一些后来将他们的子女也带来受洗。

| 第十二章 | **轴心国阴影**

1939 年 5 月，我和妻子经火奴鲁鲁（檀香山）、加拿大返回英国，这次回国休假时长三个月，除非杭州那边有消息说可以延长假期。赫度医生主持医院工作，古得胜医生担任院长助理。最后的一批伤兵很不幸，都成了残疾人，日本人准许他们获得平民身份。他们即将离开医院并努力争取尽快秘密前往国统区。在那里，有几个人成为中国军队的教官，其余的则从事各种各样的工作。

第二次世界大战欧洲阶段战争爆发后，英国圣公会下达指令，让我随时准备回国。我报名准备去三军中的任何兵种服役，但更倾向于海军。应该是考虑到年龄因素，皇家海军和皇家空军都直接拒绝了我。另外，我被告知，皇家陆军医疗队可能也不太需要我，因为我是一名内科医生而不是外科医生。剩下的选择就很清晰了。1940 年 5 月 25 日，我从利物浦起航，内心怀着远离妻女的深沉伤感,尤其是在敦刻尔克大撤退[1]的阴影逼近、女儿露丝又因阑尾炎病倒的紧要关头。7月2日我抵达上海,两天后回到杭州,中国的朋友们热情欢迎了我。

前线现在距离医院8英里远,日本人正在修复钱塘江大桥。而中国人的任务就是尽量阻止这一工程,他们在晚间让地雷在河里顺流而下,尽可能把桥炸毁。1940到1941年,是一段强制性的赋闲时期。我当时回中国不久,很可能被一只蚊子叮咬,我染上了轻度败血症,这使我一年当中有4个月无法工作。这次患病也使我的心脏受到永久性伤害,尤其是在1944年被囚禁期间,我的心脏问题变得更加严重。

战争处于相持阶段,英国在西方孤军奋战,正像中国在东方独自坚守,孤立无援。日本在此时签订了轴心国条约[2],如果英日开战,我们该如何应对成为问题的焦点。我想我们应该努力和中国朋友、同事们坚持到底。"任凭风吹雨打",我的信念也得到了朋友和同事的支持,他们是高德斯主教、赫度、贾乃德、伍德(Frank Wood)。

---

1 1940年5月25日,英法联军防线在德国机械化部队的快速攻势下崩溃,之后英军在敦刻尔克这个位于法国西北部、靠近比利时边境的港口小城进行了当时历史上最大规模的军事撤退行动。虽然这项代号为"发电机计划"的大规模撤退行动使英国及法国得以利用各种船只撤出了大量的部队,成功挽救了大量的人力,为未来的反攻保存了有生实力,但是英国派驻法国的远征军的所有重型装备都丢弃在欧洲大陆,导致英国本土的地面防卫出现严重问题。此次撤离,标志着英国势力撤出欧洲大陆,西欧除英国、瑞士和西班牙以外的主要地区都被纳粹德国占领。

2 1940年9月27日,德国、意大利和日本三国外交代表在柏林签署《德意日三国同盟条约》(三国公约),成立以柏林—罗马—东京轴心为核心的军事集团。这个军事集团的成员被称为"轴心国"。

慕德明去北京接替其父担任启明瞽目院院长一职后，伍德担任我们的新英文秘书。其他人想法也大多同我们一致，尽管他们中的一些也考虑了前往国统区的可行性，或者趁着现在还有时间，前往他处。日本人的卫生署署长说，只要我们在战争期间不反日就可以继续工作，日军在宣战前一个月也确认了这一点。

1940年秋，我们教区的中国宣绥降（S.K.Sien）[1]牧师以及铁逊坚（W.R.O.Taylor）[2]牧师卷入了一起骇人听闻的事件。他们在城外1英里处的圣公会墓地主持葬礼，正当要离开的时候，宣牧师被一帮人抓到了竹林里。铁逊坚牧师拒绝与他的朋友分开，后来我们得到消息称他们两人都被抓了起来。吴慈小姐（已经在上文中提及了她与主日学校的关系）提议我们应该跟踪土匪的下落，把牧师们解救出来。我与她即刻动身前往，心情既激愤又惶恐，我们驱车尽可能接近事发地点。下车前递给司机一张纸条，告诉他如果4小时后我们还没回来就把纸条带回城里。吴慈拉着我大步流星穿过竹林，然后大喊："这是他们被抓的地方！"正在那时我们遇到了墓地的教堂司事，他告诉我们，牧师们已经被释放，回到杭州了。我们如释重负，长出了一口气就回家了。原来那帮所谓的"土匪"其实是爱国的游击队员，他们误抓了牧师，在了解到真相后就释放了他们。

差不多同时，又一起类似事件发生。我们仓库的职员杨先生前往封锁线外的城北郊，为医院采购大米。后来我们得到消息，郊区

---

[1] 宣绥降，英国圣公会创办的杭州"信一堂"牧师，抗日战争时期任杭州基督教协会会长，国际红十字会杭州分会成员，坚决抵制日伪利用基督教进行侵略活动。

[2] 铁逊坚，英国圣公会会长，住杭州紫金观巷。杭州沦陷前后参加了国际红十字会杭州分会，积极从事难民救济。

活跃在杭州城郊的抗日游击队

的游击队员以为他为伪政府服务，把他抓了起来。大家决定，最好让我即刻前去营救。伍德与我一起上了救护车。抵达现场时，杨先生已经获释，我吃惊地发现游击队员们集会的茶馆外，大概50码远的地方，一个伪政府警察赫然站在那里。我问为什么警察会在那里，有人用糟糕的英语告诉我，他也是和他们一起的。

1941年秋天，同事们为了我的健康着想，一定要我去上海休假两周，尽管就在那一周已有两列火车被游击队员炸毁而且我们也已被警告一定要当心，但我还是获得了旅行的许可。我和伍德、柯登夫妇（大家常昵称他们为"V"和"Vi"）一起乘坐下午的火车出发，因为被炸的往往是上午的火车。列车以缓慢的速度行驶了大概30英里，这时一道闪光，接着"砰"的一声巨响，地雷在我们车头和车身的连接处爆炸。车头仍继续前进，脱轨后，一路艰难冲到路堤上。一节车厢侧翻，还有一节车厢栽进了水塘里，另有两节车厢脱轨。

我们所在的车厢与其余车厢还停留在铁轨上不断摇摆，发出尖锐刺耳的声音。我们躺在地板上很久，直到确信游击队员不会用机枪扫射火车，才爬起来观察起周围的环境。最神奇的是，只有一名男子受了轻伤，而且只是一点皮外伤。经过漫长的等待，一列柴油驱动的日本装甲机动轨道车前来加强护卫。附近村庄所有身体健全的男人都被包围起来，押走了。4周后，当我再次来到这里，发现方圆数英里内已经没有房屋。这就是日本人的报复。

最后，我们在雨中泥泞的路上带着行李箱跋涉了许久，终于登上一列来自上海的救援列车。为了让"Vi"登上火车，"V"首先要爬上火车，从上面拽着她，而我再从下面托住她。下午2点，我们终于抵达上海，所有人都又累又饿。此前，我们还打算在火车上吃午餐，这时一个日本侍者走过来咧嘴微笑道："你们有多少人吃午餐呢？"我们回答："请给我们4份。"然后居然被告知这列火车根本没有午餐，只有南京的火车才有。真是冷漠的安慰。

两天后的晚上，伍德和我再一次被一起定时炸弹爆炸事件惊扰，爆炸就发生在我们寓所对面房子的办公室内。

10月份，我回到杭州后，中日和英日两场战争将演化成一场大战的前景近在眼前。我们有3名职员离开了。英国圣公会绍兴分会的贝约翰（J.G.Bird）牧师身体很差，他听从大家的一致建议，搭乘最后一班汽轮前往澳大利亚；诺思修女曾加入设立在香港的英国陆军护士团，最近又因在日军包围时筹办紧急医院被授予皇家红十字勋章。我们也建议韦布修女回国，但她滞留在上海，最终与我们很多职员一起被关押在龙华的盟国侨民集中营（日本称其为"上海敌国人集团生活所"，简称上海集中营。）

| 第十三章 | **战争风云突变**

1941年12月8日早上，我们和往常一样去医院礼拜堂做晨祷。仪式中有人递给我一张便签，是古得胜夫人写的，那天早上她没有参加晨会，但是收听了无线电广播，8点钟，日本对英美宣战，日军已占领上海公共租界。我走出礼拜堂，对中国同事说："你们有了两个新盟友，英国和美国。"一开始，杭州的情况并没有异常，门诊病人要多于往日。但中午时分，日本宪兵突然出现在医院门口，南崎（Minamisaki）上尉，曾跟一个新西兰人学了点英语，通知我们可以自由离开，但是他们必须搜查我们的房子。他们的搜查持续了几个小时，拿走了我们的无线电设备，还有所有不在他们许可范围内的书和其他物品，留下一个日本兵24小时在大门口监守。他们在所有其他英国和美国建筑区域都如此行事。第二天，日军向我们敬礼并告知他们要离开了。我们可以继续自己的工作，但这意味着

我们需要慎重考虑，因为我们与各种援助之间都已经失去联系。其中包括英国和新西兰对英国圣公会的资助，还有美国咨询委员会的慷慨帮助以及长期以来维持杭州麻风病院的"伦敦麻风救助基金"。但上帝又为我们送来了储备金。二战前，英国圣公会提供的200镑季度汇款总是如期而至，我也可以从医院账户中预支出同等金额的支票。一个月前，我向美国咨询委员会申请了一笔2万元（中国货币）的费用，并同时提交了过去一个月诊疗病人所需的日常花销。令我吃惊的是，医院竟然收到了一张6万元的支票，并说考虑到支出，这笔费用是我们应得的拨款。

医院的几名资深成员就如何最好地发挥医院职能提交了书面建议，之后我们召集会议讨论未来医院运营的方法和措施。大家提案的思路如此一致，这不得不让人们相信总体计划出台是上帝意旨的指引。根据讨论结果，医院将关停肺结核治疗服务，将骨科搬到城里，在原来女子医院的区域继续男子与女子的诊治工作，并按照病人的收入来源及需要就诊的病房级别，让他们根据自己的实际情况支付医疗费用。这样医院不仅可以自食其力，也能维持每天收诊200位病人的慈善诊所工作。日本人不允许我们免费救治，但允许我们从医药和敷料方面收取实际费用的10%，因此基本也属于免费治疗。

1942年夏天，我们被迫将持有的法币兑换成伪政府的"中央储备银行"纸币。兑换比率是2法币兑换1伪币。战争结束之前，他们又把比率调整到200伪币兑换1法币。这种兑换令我们的财产损失殆尽。那年夏天，两批同盟国公民被遣送回国。首先，所有在杭州的美国公民被遣返。其次，除医院的个别职工外，所有英国公民也遭遣返，包括吴慈小姐（当时已回到医院工作）和年迈临终的慕小姐，后者的兄弟慕天锡于1942年3月去世，我至今仍铭记与他的私交和他广博的考古学知识，但也庆幸在形势恶化之前，他能魂归天堂。慕天锡是一名高尚的基督教绅士，很遗憾当今这种人物已寥若晨星。他一生有两处挚爱的地方，一为剑桥，另一处则是杭州，这两处于我，也同样是深深热爱的地方。

1942年5月，驻浙江的日军发动了一次大战役，这场战役对他们自身同样是灭顶之灾。[1] 他们在距医院8英里处利用炮火猛攻，医院中就可听到隆隆炮声由强转弱的进程。日军前进时正值暴雨滂沱，洪水泛滥，足有8英尺深，他们在野地推进时需要涉水前行，因此痢疾暴发并迅速蔓延。有中国人告诉我，日军伤亡约7万人。为了将伤亡日兵从城中运到车站，街道也被封闭数日。然而为了弥补损失，他们选择牺牲我们医院。8月31日，他们通知我，日军将于次日即9月1日开始征用医院。我们的病人不到24小时就被赶了出来。日军不但把持了医院基金，还下令不许我们支付欠当地商户的货款。这项命令会使医院在商户心目中信誉受损，我也只能设法变卖一些物品以偿还欠账。

医院职员被勒令在4天内携带私人物品离开。但由日军司令部决定哪些属于我们的私人财产，哪些是圣公会医院的财产，后者

---

[1] 即浙赣战役。1942年，日本大本营为破坏中国盟军美国的飞机利用衢州等地机场轰炸日本本土的行动，派出大批兵力分别从杭州、南昌向江西上饶方向进攻。中国第三战区司令长官顾祝同指挥对抗。7月1日，东西对进日军在横峰会合，打通了浙赣铁路。8月15日，日军奉命撤退，中国军队跟踪追击，至9月底，除金华、武义及其东北地区外，浙赣铁路沿线全部收复，结束会战。

必须交给他们保管。人们在大逃亡时首先想到要携带的物品种类是很奇怪的。在所有物品中，我抓过我妻子的手术器械箱，那是在之前未开战时我们为乡村诊所准备的；赫度医生则把我的猫和她的猫赶进一个篮子里，提着一篮子呜咽哀号的猫离开了医院！日本兵在我的寓所周围走来走去，随心所欲攫取喜欢的东西。最令人愤怒的是，他们企图将（我们）医院的护士编入日军护士团，不准她们离院，可怜的女孩们只好待在宿舍。我们不停向上帝祈祷，寻求事情的解决办法。日本兵甚至在夜间闯入她们的宿舍。我突然想到去告诉日军宪兵队，护士年龄太小不能自己作决定，应该让她们回家征求家长意见。幸好日军采纳了这个建议，把女孩们召集到礼拜堂，准许她们返家和父母商量。结果当然没有一个人回来！

麻风病医院在这个关头没有被收管。当我们被切断了与英国的联系时，又收到了几笔来自中国商人对麻风病院的大额捐款。当捐款用尽后，我写信给伪市长正告他，由于无法取得基金资助，我们决定让麻风病人回家养病！他收信后立刻让秘书找我，说愿意继续资助麻风病院，这当然是我们所希望的。但最终基金也未兑现，后来日本慈善组织"同仁会"[1]在战争延续期间提供了相当微薄的资助。

在撤离医院的悲伤气氛中，医院的礼拜堂依旧继续着礼拜仪式，

1　同仁会1902年6月在日本东京成立，以在中国及邻近各国普及日本先进的医学、医疗为目的。随着日本侵华势力的扩张，其接受政府行政指导，为日军提供医疗服务和便利，对抗欧美医疗活动等，实质上演变成为一个协助日本侵略亚洲的医疗团体。

广济医院的小教堂

医院被迫关闭，职员戚然离开的那一刻却仿佛是胜利的象征。一个挂在我办公室多年的十字架，被丢弃在院内花园中，赫度医生找到它，把它举起来，有中国职员从她手中接过来，走出医院在街上大喊："基督曾经复活，广济医院也会重新崛起！"

| 第十四章 |　　"危险的罪犯"

离开医院后，我们被分成两组。古得胜医生和太太、护士长巴格罗小姐，去往梅（Megson）修女在麻风病院上方修建的两座平房；高德斯主教与夫人、赫度医生、贾乃德小姐、伍德和我去往吴慈小姐从前所在的冯氏女中。在那里我们悄悄进行城里的医疗工作，在学校范围内为一些病人诊治。

10月份，日本宪兵的表现越来越像盖世太保，他们传唤包括丹麦天主教克莱森（Claessen）神父在内的所有人到面前，进行审问。从某种程度讲，每个人都被询问了个人历史，但很明显，他们最为关注的是高德斯主教和我。我俩被仔细盘问了有关出生、教育、战时服役、银行账户和其他事项的问题。就我而言，显然他们想发掘英国政府与我个人之间的关联。他们问："你开办医院有什么不可告人的用心吗？"我回答："没有。这也是英国人与日本人的区别。

我们想帮助别人而不是总想着政治。"接着宪兵又问："如果你身处艰难险境，你最信赖谁？"他们期待我说出英国政府这样的字眼。但是我回答："上帝保佑。"看到他们似乎并不理解我的答案，我向上指了指，然后说："在天上。"他们立刻就明白了。

那是暗无天日的岁月，我们的中国朋友很少敢前来拜访。宪兵每天都知道谁进谁出。1942 年，在这受挫败、丧心气、被刺探的几个月里，克莱森神父对我们帮助极大，他利用手边的无线收音机，从新闻中不断找到鼓舞人心的消息，激励我们。日本人也怀疑他，但机智的神父从不露任何马脚。

11 月初，我们听闻盟军在北非登陆，英国军队挺进埃及，这消息使人振奋不已。但我们也听到 11 月 5 日，上海有数位同盟国的男性公民被拘禁的传闻。因此当 11 月 11 日下午，有 4 个宪兵突然出现前来拘捕我和高德斯主教时，我并不惊异。我们被带到日军宪兵总部禁闭一夜，第二天就被押往上海海防路集中营[1]监禁。那是从前的美国海军陆战队营房，后被日军占领。集中营里关押了其他 360 名犯人，我们的一些朋友也在其中。集中营里有各国囚犯，包括英国、美国、丹麦、希腊，还有 1 名挪威人，后来又关进 2 名比利时人。就在抗日胜利日之前，甚至有 3 名意大利海军陆战队队员被关了进来，他们弃船后被俘虏了。

我们是一个非常奇特的群体。当地报纸对于关押情况只字未提，

1　海防路集中营，位于上海静安区海防路 372 号，原为美国海军陆战队第四军团第二营的军营。1941 年 12 月珍珠港事件爆发，美日宣战之后，在上海、浙江等地的英美侨民被遣送到海防路集中营。

只有一家俄语报纸称"360 名各国重要公民被囚禁"。集中营里大概 90% 的人都曾在各国的军队中服役过一段时间，但这并不是我们被捕的主要原因。因为其他军队退役人员并未遭此对待，并最终于 1943 年春夏期间被送至普通监狱。另外，我们也并非出于军事价值而被捕，同样很多处于服役年龄的男子被排除在外。我们的平均年龄为 44 岁，最年轻的囚犯 21 岁，而最年长者已 74 岁高龄，好几位囚犯都超过了 70 岁。一次，小寺（Otera）大佐，称我们为"危险的罪犯"。总的来说，他算是个友好的老家伙，主要过错就是对副官本田（Honda）中尉和其他下士的过分行为听之任之，即使贪污也放任不管。

我们的身份最终被定义为"中士军衔，战时无需劳动罪犯"，情况也许就是这样。小寺大佐同时也负责江湾集中营[1]，那里的囚犯包括从战场俘获的士兵、从船上或岸上俘获的海军士兵和商船船员、后方抓获的空军、从海军或空军基地如复活岛（威克岛）之类的地方抓捕的平民。江湾集中营与囚禁我们的集中营被划分为同一等级，而其他集中营里的平民最后被囚禁在盟国侨民集中营，受领事馆与领事警察管辖。"无需劳动罪犯"，意味着我们没有像修路之类的外出性劳动；而"中士军衔"则表明我们的定量口粮要高于下士。看守者包括 2 名宪兵（盖世太保）、30 名士兵、2 名来自公共租界的日本警察，还有 4 名来自公共租界的印度锡克族警察，每 4 小时换班值守。让印度士兵看守我们是为了侮辱英国人，有人明显怀有敌

---

[1] 侵华日军在上海设立了吴淞盟军战俘营、江湾盟军战俘营、海军战俘营、华德路集中营和大桥集中营 5 处盟军集中营（日军称为"俘虏收容所"），主要关押从太平洋战场俘虏的多国盟军战俘等。

意并监视我们的一举一动，但其余人还是大英帝国的忠诚公民，他们仇恨日本人。

一开始我们不得与外界交流，后来每月允许寄出一封50字以内的本地信函，每半年寄出一封25字以内的国外红十字会信函。尽管信函有时会被延迟数月，而且也有可能有些信从未被寄出过。在上海有妻子或其他近亲如兄弟、子女的男子，每年有50分钟在日本人监视下与亲人会面交谈的机会。像我们这样在上海没有近亲的人，被允许在监禁后的第二个月和一个朋友进行几分钟的会面，此后的战争期间，再也没有此类机会了。

战争后期，新政策规定每月每人可以往家里发一份电报。实际上仅有两人发出过电报，一份是一名丹麦律师去电问候他的父亲；另一份则是我发出的。若所有集中营的人都发一份电报的话，大概需要25年的时间。

| 第十五章 | **海防道集中营岁月**

在我印象中,发现自己身处集中营时有双重反应。首先是因为我们迅速被第一次世界大战时的盟友所拘押;其次,我感受到极度的挫败感,这感觉来源于与家人的隔绝以及对未来的焦虑。另外,我们对自己为何被关押在这里,而其他成千上万的人却能享受自由的原因茫然无知。

焦虑的情绪强烈而真实。因为这里的人经常会被宪兵带到一个指挥部去,频繁出入的地方就是臭名昭著的"大桥监狱"(Bridge House)[1]。常常是过了 24 小时,有时甚至 3 个月后,他们才被带回来,这些人在那里遭受酷刑折磨,往往肢体残损。稍好些可能会挨饿或者被关押在条件极其恶劣的囚室,那里拥挤不堪,肮脏污浊,

---

[1] 即大桥公寓,被日本宪兵改为监狱,位于今上海四川北路 85 号。

囚徒们不分国家、不分性别杂居其中。大部分遭受酷刑的人都被胁迫签订某种保密协议——在任何情况下，都不得吐露在里面发生的一切。因为这些惨痛的例子，我们甚至不敢告诉最好的朋友自己的情况，唯恐他们说出一些话，牵连到其他人。

其他曾在大桥监狱或者其他某个同样残酷的地方囚禁过的人，陆续被送入海防道集中营，这种情况一直延续到1943年8月，上海市政警察署的威廉·赫顿（Hutton）事件发生。他被宪兵带走，10天后送回集中营。当时他已精神失常，身上布满了遭受酷刑的累累伤痕。两天后，赫顿神志清醒后死亡。他的案件仍在调查中，现在公开谈论此事可能不太恰当。此后，集中营里的犯人就不会再受到有组织的酷刑了。但是人们还是时常遭受日本人殴打，或者被带出审问，不过没被用刑而已。直到1945年我获释后，发现"Hutton"曾被误报道为"Sturton"，很多朋友都以为我不幸罹难。更不幸的是，这条错误的、令人惊恐的消息竟然传到英国我的一些亲人耳中。

所有人刚刚抵达集中营时，都被拍照和提取指纹，只有少数几名犯人被忽略。他们要求我们无止境地填写各种有关个人历史的表格。最初的两个月，每人都被单独审问个人事宜，尽管之前在杭州我已经被宪兵质询了不下50次。集中营里对我的询问集中在两个问题上：一、我是不是名医生；二、我的法语和汉语说得是否流利。

我不希望给世人这样的印象——在集中营里生不如死。尤其是当我意识到，和很多其他地方的囚犯相比，尤其是和很多其他地区的集中营的囚犯相比，我们简直过着"养尊处优"的生活。我们还有自己的乐趣和伙伴。集中营的内部组织包括两名代表，他们会为我们和日本人交涉各种琐事。这两人也经常召开由各个房间的队长参加的

"队长会议"。考勒（H.J.Collar）先生，来自帝国化学工业公司，一战中曾在皇家海军航空队服役，是我们全体英国囚犯的代表。在艰难困苦的环境中，他照顾到每个人的利益，劳苦功高。一开始考勒先生得到了美国人亨宁森（Henningsen）先生从旁协助，后来改为英国人"比尔"（"Bill"）和莱特（Wright），两人也为大家奉献良多。

我们被分到 31 个牢房，我在第 30 号房。虽然谁也不要指望和脾气更好的人住在一起。但真的很神奇，在这个牢房，有个人在一战时和我同在一支海军舰队服役；还有隔壁牢房的一个人也曾和我一起在剑桥的伊曼纽尔学院读书，我们有 27 年没见过面了。

同牢房里我最重要的朋友有以下两位：何斯德（J. M. D. Hoste），求学于剑桥大学，痴迷心理学，一度担任《字林西报》的助理编辑，该报是中国最重要的英国报纸；还有爱德蒙斯（H. R. O. Edmonds），曾是牛津大学的化学研究员，后在上海的科特先生棉纺厂（Messrs Coate's）担任技术经理。我们牢房里的大部分人都是公立学校或大学的学生，因此可以免受成为内奸的怀疑。其他牢房就没有这么和谐，有些狱友现在仍受到盟军的羁押。在我们的牢房，大家被分为三大组，每个人都同意把各自的食物拿出来共享。这种制度运行良好，那些暂时供给匮乏的人，总是可以从共享物品中获取一份。高德斯主教和我非常幸运，每月都能收到食品包裹，它们来自上海诸圣堂的魏希本牧师[1]，还有主教在国际红十字会的朋友。

1　魏希本，福建人，1923 年春从福建协和大学毕业，获文学士学位；1924 年夏毕业于上海圣约翰大学神学院，获神学学士学位。长期担任隶属美国圣公会的上海诸圣堂（All Saints Church）驻堂牧师。抗日战争全面爆发后依托诸圣堂从事救济活动。1946 年他在复兴中路 423 号创办了泰山区（淮海中路街道前身）圣德小学，占地 990.7 平方米。

每一天都以排队点名开始，各个牢房的队长必须要向日本检查官和狱警鞠躬，用日语做简短报告。然后我们用日语报数，最后队长再次鞠躬。晚上整套流程重复一遍，或者在任何日本人对我们起疑的时候也重复这个流程。有个日本军官宫川（Miyakawa），大家都叫他"狗脸"或"蛙脸"，常常在点名后，让我们练习鞠躬。每个房间的犯人轮流按号练习，他就站在我们面前。我很少能照他的标准做好，所以他就像牙医那样，用双手捧着我的头，保持在他希望的位置。在日本兵中，"狗脸"也一样不受欢迎，因为他经常残忍地殴打他们。日本兵告诉我们，只要机会到了就拿枪毙了"狗脸"。

另一个让人深恶痛绝的人是军需官芦野（Ashino）中士，外号"唐老鸭"，我们怀疑他大肆克扣食物供给。他为人刻薄，只要有机会就会殴打犯人。他还告诉我们，食物在日本人和犯人中都是平均分配的。这话说得也非常真实，一半的食物分给大概30个日本看守，另一半分给300多名犯人。

犯人们每人每天都有任务，有人做厨师，有人打扫集中营，有人在办公室或者木工房工作，或者打扫厕所，或者清洗厨具、餐具等等。我是其中最幸运的一个，在这里几乎每天都从事医疗工作。我到达集中营时，当时上海声名显著的美国内科医生邓多马（T. B. Dunn）[1]已被关押在此，并开始了日常的诊治工作。在我帮助他工作期间，邓多马医生始终对我关怀备至。但不幸的是，他在不到5个

1　邓多马，1886年出生于美国加州，1916年获加州大学医学博士学位，1920年退役后到上海行医，是当时上海最著名的两位肺病治疗专家之一。1942年11月5日被日军关在海防路集中营，1948年去世。

月后就身患重病，1943年9月，在日本与美国互换侨民时，他被遣送回国，集中营里就只剩下我一个医疗人员。还好，我有不少技术方面的同事。首先也是最重要的是克拉多克（C.A.Craddock），一位美国海军预备役军人，曾在美国海军担任首席药剂师副手。他负责所有配药以及清洗包扎之类的工作，这与他做过手术室助理密不可分。克拉多克是我见过最耐心和勤奋的人，分担了我很多重任，与他一起工作是一大幸事；爱德蒙斯从事病理学工作；丹麦商人穆德（K.F.Mulder）先生是诊所的秘书，在我们被关押的3年时间里，有超过6万份医疗记录。他能听懂14种语言或者主要方言，因此几乎可以在任何情况下做翻译。

希尔曼（R. C. Hillman）的帮助也使大家获益匪浅。他是一名护士，前英国皇家陆军军医队队员，在我们组建的能容纳18张床位的集中营医院里担任护理工作。希尔曼的助手是渣打银行的莫里斯·戈登（Maurice Gordon）等人，他们所有人的工作贯穿了我们被囚禁的1300[1]多个日日夜夜。

我们开设了一门护理和急救的培训课程。首先面向集中营医院的小部分护理人员，然后是急救队，他们会在有空袭或其他紧急事件时待命。圣约翰救护协会向所有在集中营里通过我们培训课程考试的成员颁发合格证书。

起初，我们没有任何医疗供给，日本人只提供了3瓶常用药品，后来增加至12瓶。我们使用自己的资金购买医药设备寄到集中营里，这种情况一直持续到国际红十字会接管了此项职能。另外，

1　原文13000系笔误。

我们从美国红十字会处接收大宗捐助，主要通过遣送船或者经符拉迪沃斯托克（海参崴）中转。到战争末期，我们已经拥有一批精良的设备。集中营一般会配备一名日本军医官。他们主要在当地军队医院工作，也常常会探视我们。最初的医疗官是一名肺结核专家，其余事情他极少过问。继任者是名外科医生，一直工作到我们离开上海之前。对于这些医务人员，我没什么可以抱怨的，他们严格按照集中营的规矩行事，体面的医务人员也尽量不插手我们的救治工作。如果确有病人是集中营里无法医治必须送出的，他们也经常支持我们的决定，把病人送到警察医院，病人会在警察看守下接受治疗。

很不幸，本田中尉声称自己精通医学知识，实际上却并非如此。他经常阻拦病人接受专门治疗，即使日本军医和我都强烈建议也无济于事。日军外科医生铃木（Suzuki）上尉在本田离开营地的那天晚上，当众狠狠教训了本田，因为他袭击了一位医疗勤务兵。

说起一件事，不得不提到埃德加（Messrs Edgal）和麦克沃特（McWhirter）两位先生，他们两位是兽医，也给予了我们大力帮助。埃德加先生使用便携的 X 光设备帮助我施诊，设备是他们想方设法弄到集中营里来的。此外，他还建议应把基金用在购买豆类和土豆上，这样我们在恶劣的环境下才能吃到尽可能营养均衡的伙食。麦克沃特先生在诊所帮忙，照看急救队。1944 年，我身患心包炎时，埃德加负责照顾我。他经常使用便携 X 光仪器给我做检查，还把一面小镜子放在我胸前，这样我就可以看到自己的心脏了！

在宗教方面，我们也有过有趣的时光。大多数的周日，我们被允许做礼拜。高德斯主教在早点名前主持圣餐仪式的庆祝活动，11 点钟举行联合仪式，仪式由英美圣经协会的王树德牧师，和来自基督教救世军的布莱格迪尔·沃克（Brigadier Walker）合作主持。黄安素（Ralph A. Ward）[1]主教是美国卫理公会主教，在健康状况允许的情况下也参加了仪式。周日下午，王树德常常召集非常有意义的宗教讨论小组；周二晚上，高德斯主教举办《圣经》讲座，我们都从讲座中学习了丰富的《圣经》知识。

看着高德斯主教在周日一天当中服装是如何一步步"堕落"的，也会给人无穷乐趣。圣餐仪式上，他通常身着得体的长袍；在祷告时则改穿灰色正装；而到了下午他就换上了老式的浴袍，要是夏天就只穿一条短裤了！

1　黄安素（1882—1958），美国美以美会卫理公会传教士，曾任卫理公会华东地区会督，东吴大学董事。抗日战争时期被关押于集中营，1945年获救。1950年离开中国，1952年又回到中国台湾地区，参与创办台湾东海大学和卫理公会女中。

| 第十六章 |　**转移华北**

　　战争仍在继续，人们的厌倦之感也在与日俱增，但是希望和心情却随着盟军的每一次胜利而不断高涨。日本人允许我们每天阅读他们控制下的报纸，除非上面的新闻对我方极为有利。不过我们迟早能通过各种渠道了解真实情况。我们知道意大利投降了，此后德国也快要垮台了。关于德国，集中营外有个中国人举着一张纸，上面写几个大字："希特勒死了。德国完蛋了。日本也快了。"

　　美国的空袭节奏不断加快，让我们更加欢欣鼓舞。在美国飞机经过上海前去轰炸东京的时候，我们可以相当准确地估计出它返航时会再次经过上海，并且可能会在上海卸下些东西。日本卫兵经常命令我们到楼下去，但警报往往在第一枚炸弹落下时才响起，所以我们就能看到空袭时的情况。对我们来说最值得纪念的一天是在1944年11月2日，那天美国B-29轰炸机轰炸了日军机场，排山倒海似的轰炸持续了 4 个小时。那天好事不断，P-51 野马战斗机首次执行空袭任务。它们爬升到极高的位置伪装起来，然后朝日机俯冲，日本人当时还没有反应过来发生了什么。

当美军利用"跳岛战术"逼近中国时，英军也猛烈推进到缅甸。我们热切地盼望着盟军能在中国海岸登陆的那一天，还不断设想着登陆点具体会在何处。日军宣称他们会把上海变成第二个斯大林格勒，他们也的确构筑了许多徒劳的防御措施。甚至就在欧战胜利日之前，还有传言会把我们转移到北方去，到任何可能的登陆都无法触及的地方。1945 年 5 月，江湾战犯集中营被转移，仅有少数病情严重者留下，还有十几个人后来和我们安置到一起。这个群体很有意思，包括一名在后方被击落的飞行员，一些在威克岛抓捕的平民。最有趣的是米德尔塞克斯军团的希瑟（Heather）中士。他在香港被俘，所乘运囚船只在前往日本的途中被鱼雷击中。囚犯们被封锁在底舱，但他们割破防水布爬到甲板上。当时有些人被日军枪炮射杀，还有一些人则在水中被炮火击中。但希瑟却幸运地被一艘舟山的舢板救起并被带到一个小岛上，在那儿他又不幸再次被日军俘获投入江湾集中营。[1]

整个 6 月，日本守卫都在忙着收拾他们的财物，等天黑后将物品送出集中营，对我们置之不理。6 月 29 日，我们被告知准备打包迁往华北，北平附近（日本人总是用其废弃的名称"北京"，"北平"

---

[1] 此即"里斯本丸"沉船事件。1942 年 10 月 1 日，日军运输船"里斯本丸"在舟山群岛海面遭到美军太平洋舰队"鲈鱼"号潜艇的袭击并于次日沉没，造成船上 800 多名英军战俘和侨民死亡。舟山渔民奋力抢救落难盟军战俘，至少挽救了 384 名英俘。另有 970 名英俘再次被日军捕获，投入监狱。

是更古老的名字，但是被国民党重新启用，因此日本人自然觉得没有吸引力）。

那时，宪兵已经离开集中营。后来印度警察也走了，只剩下日本军队看管我们。铃木上尉离开后，副岛（Soejima）医生接替了他的职位。他是东京的耳鼻喉科专家，但仅有士官长军衔，无法对医疗官发号施令。我请他为40名犯人检查身体，认为他们的身体状况不适合长途迁徙，当中还有些人患有严重的心脏疾病。在集中营外就诊的病人之外，仅有3人被许可进行普通监禁，3人中的1个已超过70岁，还有1个身患恶性贫血，另外1个曾多次中风。我写信强烈抗议，历数多名患者迁徙的危险，但是同考勒和怀特一起被抓进日军办公室，副岛手持一根很重的棍子，对我大发雷霆。我觉得他是在本田中尉劝诱下才如此行事，毕竟他一度对我非常友善，在火车上还帮我值夜班，让我可以休息一下。他还基于自己作为专家的经验和观察，教给我很多有用的专业知识。

出发前两天，集中营派出一群人去上海北站装卸火车。离开那天，我看到他们汗如雨下，因为当时酷暑难耐，连阴凉处都有100华氏度的高温，但日军却不许他们回集中营洗一洗或者吃顿饭。

6月7日晚，我们每人收到了一个英国红十字会的包裹。日本人大概已经截留几个月了——事实上，里面有些东西已经变质了。第二天，我们分批乘坐卡车去往火车站。有几百名朋友和同情我们的人，其中大部分是中国人，他们不顾日本兵的阻拦，集中在大门口为我们送行。经过车站时，很多人还跟我们说了几句话。日本人为了让"客人快点离开"，在登车时不惜用机枪对准我们，另一挺枪架在附近随时准备开枪。本田这时又发挥了喜剧细胞，当我们即将登上最后两辆卡车时，他对我说："苏达立医生，快让病人们上车！火车可不等人！"好像我很关心火车是否会等我们一样。

到达车站时，我们发现火车座位严重不足，因为有很多额外的日本兵加入这趟行程。第四节也是最后一节车厢是专门为医务人员和病人准备的，日本军官也在其中。在病人中有 2 名精神失常的美国囚犯，还有 1 名囚犯由于威克岛的轰炸而患上严重神经衰弱。

第二天早晨，火车经过上海至南京的途中，我们看到了令人触目惊心的蝗虫群，长达数英里，像空军一样排成规则的队形，啃噬着植物。缺水是我们最大的问题。日军之前警告我们一定要装满水瓶和保温壶，但是气温太高，在 90 华氏度～100 华氏度（32.2 摄氏度～37.8 摄氏度）之间，我们足足有 14 个小时没有水喝。我向日本军官说明情况，他们同意让我们去沿途车站取水，但是一个士兵却总是挡着我，不让我看见哪里有水。我们随身携带了氯化设备，放到火车的水箱里氯化消毒。但是哨兵们阻碍大家的行动，毫无疑问，有人饮用了未经处理的水，导致细菌性痢疾暴发，直到战争结束。

大概一天后我们到达南京——通常行程只需 6 小时左右，之后乘坐火车轮渡越过长江。轮渡是日本人从国内运来的，用以替代 1937 年南京沦陷时被中国军队带走的那艘。我们刚到达江北岸的浦口，6 架美军轰炸机就对南京进行了空袭。

日本人允许我们在浦口站活动 15 分钟，当然是在他们的严密守卫下。半夜，火车就匆匆离开了这一带，因为害怕游击队员会来解救我们。运载先遣日本卫兵的那列火车实际上脱轨了，火车车头遭到美国飞机的机枪扫射。在铁路沿线，每隔一段路程就能看到损毁的火车，上面弹孔密布。渡过长江后，日军用铁丝网封住一些车厢的窗户，但是我们的车厢得以幸免。第三天早晨，刚到一个山东与河北交界的小站，空袭警报就响了起来。我们不清楚发生了什么，只听到附近有飞机的轰鸣和机枪声，感觉一架美军飞机刚刚击中了前面的火车。

我们在路上走了36个小时，日本人给我们发放了一些饼干和干面包，这是4天来仅有的食物。不过仍然是除红十字会的包裹和私人食物储备外最受欢迎的补给了。

一个越发麻烦的情况是大家的腿脚开始肿胀。第一天早晨，有几个人出现了肿胀。接下来的4天，314人中有249人腿脚肿胀，还有些人引发了严重的炎症。我的情况稍好，因为我需要戴着红十字臂章在希尔曼和其他人的帮助下照看病人，他们允许我在车厢内走动。4天的时间里，我收到600例有腿脚肿胀或其他不健康状况的报告，一名痢疾患者被隔离在运煤车厢内；甚至副岛医生也病了。在济南站，日本人允许我们散步两次，每次有几分钟，有些人甚至设法在车站的水龙头处洗了一下。在火车上我偶尔可以洗洗，因为日军医疗勤务兵土田（Tsuchida）差不多每到一站能给我打一罐水。

第四天晚上到达丰台时，天已经黑了。我告诉副岛医生，出于健康考虑，有60人不应该再被押到集中营了，而且有的人显然不适合行军。他许诺会考虑交通方式，我们正等着的时候，本田中尉和狱警们让我们排好队，我们还是要背上行李继续前进。在黑夜里，我们大概走了一英里半的距离。有些日本兵对身体虚弱、艰难行进的人们推推搡搡，但也有人，包括一个和我们一起行进的宪兵，会心怀同情提供帮助。有人体力不支,昏倒在地,被他们用推车运到了集中营。

第二天早晨天刚亮,我们发现一条铁路支线刚好通往集中营,就在离我们的营房大概 200 码的地方。人们不明白为什么火车不能开到这里?事实上,它可以。因为我们的大件行李就是用火车运到这里来的。

| 第十七章 |　**丰台集中营**

丰台位于北平西南四英里半的地方，是一个大村落。它的重要性在于它是个大型火车枢纽，在1937年7月的早期几次战争中，它是主要战场之一。我们所在的集中营，是一块周长两英里的地方。周围高墙环绕，墙上安有电网，并且上面每隔几米就建有平台，来自日本或中国台湾的哨兵在此站岗。集中营被日本华北军需局局长（Quartermaster General）控制。整个地区处于如此严密的军事管控之下，甚至日本兵都不被允许接收报纸。集中营里的建筑主要由一系列大厅构成，可能最初被当作粮仓使用。我们被安置在其中的两个大厅里。大厅四面有门，上有玻璃天窗。尽管白天阴凉处温度就高达110华氏度（43.3摄氏度），夜间也还有96度（35.6摄氏度），但日本人只允许我们开一扇门。每个人的生活区域大约7英尺长，4英尺宽，其中包括床和起居空间。我们在集中营里的活动范围是

一个由铁丝网围住的封闭区域，铁丝网上通电。离我们有一段距离的围墙内，关押的是中国俘虏。营房的一边有足够的空间可以让我们进行点名活动，另一边也有稍大一点的空间。

丰台集中营的生活与海防道集中营大不相同。我们的食物配额大概每天1700大卡，在上海有1400—1500大卡，但是这里主要吃小米和小麦，有时被做成粥，有时是用炉子做成很硬的饼。我们完全吃不到蔬菜，获释后，由于长期的营养缺乏，有40人患上败血症。这里大约每隔10天会让我们吃上一顿肉，有人认为那是骆驼肉。

一开始，唯一的医疗场所仅占仓库的一角，用绳子和仓库主体隔开。后来给我们分配了一间小屋，就在我们被电网围住的封闭区域外面。那里卫生条件令人作呕，茅厕里成千上万的苍蝇飞落到我们的食物上。难怪细菌性痢疾一直如影随形！

在海防道集中营，日本人一直允许我们每天在院子里活动，能打棒球、踢足球等等，但是在这里完全没有。连续三个炎热的周末，日本人命令我们把所有的铺盖和私人物品从一个仓库搬到另一个仓库。我们发现江湾集中营的犯人也一度被关在此处。他们每人大概只有30英寸的空间，而我们是4英尺。

这个集中营为数不多的亮点是来了新的日本医疗官，医学博士新藤（Shindou）上尉。他毕业于东京帝国大学，能讲流利的英语和德语。上尉尽一切可能帮助我们，还有两位来自海防道的勤务兵也是如此，他们是藤泽（Fujisawa）和土田。

我们的营区内没有水，清洗的时候往往需要带一个桶到大门口，向当值的哨兵鞠躬，走到100码外的主营房处的水龙头取水，回来的途中要再次向哨兵鞠躬。

有一天，发生了一件好笑的事情。华北地区日军总司令来此视察，随行护卫队装备精良。视察后他去营房旁的处所休息。当晚一队八路军进入村庄，他们带了两门迫击炮向日军总司令的营房开火。附近山区经常会有枪战，我们后来才得到消息，苏联也已对日作战。我们对第一枚原子弹爆炸一无所知，不过听到有日本人抱怨说一枚原子弹在空中爆炸。

大概就是这个时候，日本人有次在夜间喝得酩酊大醉，想杀了我们。就我们所能了解到的情况而言，他们试图用石蜡倒入我们的营房，然后放火焚烧，如果我们试图逃跑就用机枪射击。当时大部分人并不知情。但有两名同情我们的士兵，其中包括那个掌管军械库钥匙的，躲开他人，走到电网这边，悄悄将计划告诉了一名刚被俘的美军飞行员。多亏了上帝保佑，什么也没有发生。但是日军中爆发了冲突，还有人受了重伤。

这时我们收到苏军前进的消息，了解到盟军就在距这里只有140英里的张家口时，我们振奋不已。

1945年8月15日下午，我们中的两人收到秘密情报，得知日本已经投降，但我们不敢将此消息向外透露，唯恐出卖将这个欢欣鼓舞的消息带给我们的人。当晚集中营已经普遍获知此事，第二天早晨，本田中尉正式告知考勒和怀特先生，说他们从无线电中得知战争已经结束，但关于我们，他们尚未接到任何指示。两三天后，一架美军飞机从集中营上空飞过，7名飞行员在北平一座机场降落。在返航途中，他们特意飞临集中营上空。通常，我们的规定是不得注视敌国飞机，但这次不同，人们跑出营房，挥舞着毛巾和手帕，

苏达立回忆录 / 115

把床单摆成"V"形和米字旗示意,为了这个时刻我们已经准备很久了。当他们从我们头顶飞过时,一条手臂从飞机后炮手舱口伸出,挥舞了几下,他们看见了我们!

8月19日,星期天。所有人都聚在一起,举行盛大的感恩仪式,仪式由高德斯主教、沃德主教、王树德牧师和克里格迪尔·沃克主持。

第十八章　自　由

仪式后不久，小寺大佐下令让我们 4 小时内离开集中营去往北平。起初，考勒和怀特还在就此事与他争执，但是小寺下令时态度十分蛮横，所以我们不得不整理行装。第一辆卡车在晚上 8 点 30 分离开，当时下着小雨，车中载着几名身穿制服的美国海军陆战队俘虏。路上有的中国人发现了他们，开始欢呼起来。当最后一辆卡车在凌晨 1 点 30 分开出时，路上的行人仍在瓢泼大雨中欢呼不已。

我在 8 月 20 日下午 5 点离开，带着医疗队员和病人分乘两辆卡车。当时我们佩戴红十字会的徽章，沿途 6 英里一直有热情的群众欢送。我也一直不停地挥手回应他们，说实话那天我的胳膊真的很累。

我们从广安门（意为"世界和平之门"）进入北平，离八年零一个月前战争打响的地方不远。

卡车一直开到北京饭店门前，这是北京城最重要的两家饭店之一。我喊道："都坐好了，小伙子们！情况不对！"不一会儿，这里的法国经理跑了出来，说："你们不下车吗？""我们真要停在这里吗？"我喘着气问道。他接着说，我们不仅要待在这里，而且整个五楼都会作为医疗场所供我们使用。他让我们乘电梯上去，热水已经放好可以沐浴，而且很快就会送来晚餐的菜单！真令人难以想象！5点钟的时候我们还待在污秽的集中营，而到了7点半就坐在豪华酒店里铺了洁白桌布的餐桌旁享受大餐！

之后，其他的犯人也开始进来，其中最引人注目的就属1942年4月"杜立特空袭"中的4名幸存者。8名军官和士兵降落在日军占领区，他们中的3人被枪杀，还有1人在囚禁中病逝，剩下的4人包括中尉尼尔森（Nielsen）、海特（Hite）和巴尔（Barr），以及下士德沙哲（Deshazer）。在被宣判死刑后，他们一直处于秘密监禁中。巴尔在囚禁中受伤最重，因此用了最长的时间恢复。他身材高大，超过6英尺高，红头发。在遭受非人折磨时，还曾痛击虐待他的守卫。4人都患有不同程度的脚气病，这也是由于饮食匮乏造成的。后来又进来一位，他曾从关押他的火车上跳下，但后来又再次被捕。还有两个美国男孩，他们都有一半日本血统。由于日本人威逼大孩子入伍，他们就和母亲一起逃到深山里去找共产党人，在那里待了10个月后又找到了我们，当时他们都病得很严重。

在北平的第一个晚上，我们见到了上文提到的从轰炸机上跳下的美国人。他们属于尼科尔斯（Nicholls）少校领导的一支"空降营救小组"，被派来寻找飞行员。这次跳伞行动由一位年轻中尉贾曼（Jarman）医生领导，他是团队中唯一从飞机上跳过伞的人。许多前战俘被运送出境，其中包括高德斯主教，他以"双重意义上的飞行访问"回到了英国，有人建议我应该在主教回中国后也休假一段时间。

我们现在可以寄航空信件给在英国和中国上海的老朋友了。我们在北平的7个星期被安排得无比惬意。美国人还空运来额外的补给和医疗物资，此外还安排了很多娱乐活动，如听讲座、看电影，让我们了解世界时事。当地的名胜，比如紫禁城，以及寺庙和博物馆等也让我们免费参观，很多人还成为北京俱乐部的访问会员。不管是中国居民还是欧洲侨民都倾尽全力让我们在这里住得开心。

一天晚上，一场地震引发了我们的关注，所幸没有造成任何伤害。10月5日，我们乘坐专列前往天津城外的塘沽，在那里我们登上了一艘登陆艇，正是它刚把美国海军送上岸。出海后，看到65艘美国战舰停泊在那里——那场面真是赏心悦目！之后我们登上美国海军"拉瓦卡"号（U.S.S. Lavaca），6天的海上之行，我们受到了最热情友好的招待。这一路上，我们还在青岛看到了英国的第一艘巡洋舰，我们的护卫驱逐舰两次向水雷开火。而且，我们还赶上了台风。

在上海，我受到英国红十字会弗劳尔斯（Flowers）上校的欢迎，6年前我们都在休假期间，曾在剑桥见过面。之后不久我又与古得胜医生会面，他告诉了我广济医院员工的近况。我们在杭州的医院被日本军队占据两年之久，后被洗劫一空，损失高达7万～8万英镑。医院后来被转交日本同仁会作为政府医院运行，直到战争结束。

古得胜医生和巴格罗小姐从上海龙华集中营被释放后多次来医院探访。9月底，赫度医生、贾乃德小姐、伍德获得了医院的使用权，10 月 1 日医院重新开放。10 月 19 日，我和高德斯主教、莫林（Moline）小姐（S. P. G 借调）、莱瑟斯（Leathers）小姐（英国圣公会退休传教士）再次一起加入广济医院，这是我莫大的荣幸。

医院已经破败荒废，污迹斑斑，但是我知道自己深爱这个饱受重创的老地方的一砖一石。我相信我能看到它被重建，添置比以前更好的设备的那一刻。如果这是上帝的意旨，我希望余下的工作岁月依然能在此效力。

后　记

我一直努力想把人生中一些重要事件记录下来，希望那些想更多了解传教士的中国工作的人们会对它感兴趣，尤其是这些事件是我们在动乱岁月中亲身经历的。

我现在仍可以算是个年轻人，只有50岁。最近，在英国的一次会议上，有观众问我："你认为在那里工作究竟值不值得？"我回答说："如果我有两次生命，而不是一次，我将会把它们都奉献给同一份工作。"假使一个人听到上帝的感召，投身到医疗传教士这一事业中去，我可以想象生命中再也没有比这更让心灵满足的工作了。

我也很难想象世界有比中国人更可爱的民族，我很荣幸能为他们服务。我几乎从不谈论日本人，但每当我涌起仇恨他们整个民族的念头时，上帝就让我想起藤丸军士、新藤医生，他们亲切的话语和仁慈的行为每每让我惭愧。

最后，我冒昧地引用两句韵文，是由已故老友约翰·奥克森汉姆创作：

　　在基督中，真诚的心，随处可见
　　高尚的交流，弥漫人间
　　他的精神如同金环
　　连接万民，亲密无间。

　　在基督中，东方和西方相遇

在基督中，南方与北方相遇

在整个广袤的土地上

所有基督的灵魂都在这里融为一体

"我们在天上的父，求你将耶稣基督的灵，送到我们和万民的心中。"

这句简单的祈祷，被普遍使用和存在，可以纠正世界上所有的错误，并将它从灾难中拯救出来。

——约翰·奥克森汉姆

万克礼日记

万克礼

给威尔斯博士的信

波利娜[1]

亲爱的威尔斯（Wells）博士：

随函附上更多关于杭州的消息。请原谅信件中的一些细节——那是我的家人比较关心的内容——因为我仅有写一遍草稿的时间，是近 80 页的手写原稿。你也许会从中得到一些想了解的事实。我省去了很多故事，但是信件中叙述的故事都是典型的。也许当你听到这些关于杭州的新闻时，它们就已经变成旧闻了，但是它们提供了有关我们使团在最被需要的时候在人力、物力方面所发挥的作用的记录。这里关于罗天利先生的叙述甚少，因为他在大学里非常忙

---

[1] 即万克礼夫人。

碌，万克礼看到他的机会不多。他会有自己完整的故事。

祝威尔斯夫人及156号所有的朋友安好。

万克礼夫妇

诚挚的

波利娜·凡·埃弗拉

请原谅我的打字错误，这是我第一次尝试

中国杭州

1938年1月1日至2月2日

一些说明

波利娜

对于那些没有在杭州居住过的人,在此需要就我们的住处作一下介绍。

我们的处所——美北长老会,位于杭州城南端,有三幢房子、一个花园。外有围墙,墙高不规则,有些地方有15英尺高,有些主要外墙有18英尺高。范光荣(Van Kwang Yong)先生是一位长老会牧师,和他的大家庭住在其中的一栋房子里,包括他的妻子、8个孩子还有几位亲戚。如果范先生不走,他的家人们就无法离开杭州,而他觉得自己应该守住教堂。朱先生和太太是太庙巷教堂的布道者,也留在了这里。

杭州美国学校,位于属于我们产业的一栋小楼,但是与我们隔了一条小街,并且有自己的围墙。

杭州基督教青年会大楼（1919年）

鼓楼堂是一栋慈善机构的楼房。离我们这里大概半英里，靠近鼓楼——一处古老的地标。御街穿过鼓楼。

离我们两英里远，距西湖不远的地方就是市中心。那里有几处使团中心，相隔都不远。

基督教青年会有一座大楼，是来自美国的"礼物"。

弘道女中校园很大，里面有几栋很好的建筑。学校由美国长老会南北使团及美国浸信会使团管理。费佩德博士的住宅离弘道很近，费佩德博士与夫人目前在上海工作。

安立甘使团（圣公会）有几个中心，最大的一处就是医院的建筑群。苏达立医生和夫人、高德斯主教和他的医生夫人、赫度医生还有几名英国护士在那里。孟杰医生来自湖州的美国卫理公会南方使团，带来了他的护士团队，护士中有一名来自美国。因为无法继续湖州（现在叫吴兴）的工作了，他们来医院里帮忙。

正则学校位于大塔儿巷，思澄堂位于丰乐桥。它们在一处相邻的产业上，属于长老会使团。这两处都被基督教青年会的狄尔耐先生指定为难民中心。

蕙兰学校，一所浸礼会男子学校——位于离医院不远占地较广的地方，由葛烈腾先生负责管理，他就住在校园里。中国内地会使团的富裕生先生（英国）在辅助管理。布朗先生在来访期间一直住在那里。

在杭州城最北端离我们大概三英里半的地方，是南长老会。那里有三处住宅、学校和教堂。现在那没有外国人，因为华葆仁（Worth）先生去上海探望家人，交通被切断导致他无法回到杭州。

城外山上，离城市几英里远的地方，是之江大学所在地，大学属于美国长老会联合使团。明思德博士和罗天利先生在管理。

万克礼的信件是以日记的形式呈现的。里面有些细节可能只有杭州居民会感兴趣，但是我还是将全文发出。信件是在烛光下、他累极了的时候挤出时间来完成的。我很珍视里面的每一个字，因为它比普通的描述更能勾勒出亲切的画面。

事件的开始他说得很少，因为实在太忙了。但是布朗先生为我们讲述了有关劫掠的事情，所有地方无一幸免。有些地方的家具和书籍被拿去当柴烧，因为日本兵也又冷又累。如果你可以想象在国内任何大城市秩序和法律荡然无存，你就可以想象这里发生了什么。你可以吗？中国人也开始哄抢，最开始是因为饥饿哄抢粮食，然后就是其他东西。接着来了1万名日本兵，他们无孔不入。他们把马匹放在豪华的商店和别人家里，拆掉柜台和地板烧火，压迫中国人服劳役去运送他们抢劫的物品。有些中国人后来因为哄抢被其他人杀了！2000多具尸体就这样躺在大街上。

这，在战争中，被称为"清理"。在我的一生中，曾听说过战争的邪恶，但是当这一切降临在你的人民头上时，你才会有深切的体会。我们的人民处于真正的危险之中，往往在这种时候，除了下一步要做的事情，人们什么都忘记了。对于一些美国妇女也被派出去的事实，我不甘心。万克礼和我也曾决定在一起，但这是不可能的。那里一直非常需要我们，只是对男人们来说独自待在那里压力已经非常大了。我们本来可以帮助那些妇女和儿童的！

波利娜·凡·埃弗拉

万克礼日记

万克礼

▶ 1937 年 12 月 23 日

布朗先生，就是那位享有感恩节一般名声的布朗先生，今天到达了杭州，给我带来了孩子们的信。充满感恩，这是最好的圣诞节礼物！！我会尽量让他把这封信带回去。

昨晚我睡得很好。有传言说昨晚要炸桥[1]，所有的铁路职工都会离开。今天凌晨 3 点 45 分，巨大的爆炸声把我惊醒，我猜应该就

---

1 指钱塘江大桥。钱塘江大桥是由著名桥梁专家茅以升先生设计和主持建造的，历时三年多完工，于 1937 年 9 月 26 日建成。1937 年 11 月 12 日，上海沦陷，为了阻滞日军南下，国民政府作出炸毁钱塘江大桥的决定。12 月 23 日下午 5 点，这座约 100 万难民经此逃难的大桥正式被毁。

是炸桥的声音。一小时后又传来巨响，不久又有五次巨响接踵而至。明思德过来参加 10 点半的会，他说桥是完好的，人和车辆还在从上面经过。今早又有传言说炸桥时间是今天 12 点，可现在已经 12 点 25 分了。不过，他们的确是炸毁了发电厂的一部分，现在没有灯，也没有收音机可以听了。有人说渡轮码头也被炸了，但是我没有时间跑过去一探究竟。城里已被清空，没有一个士兵或者警察——有几个消防员驻扎在街上，也许是想维持秩序，真怀疑他们能做些什么，他们明明可以随时过来。昨天的收音机广播很显然在"虚张声势"，他们说的行动目标是相反、朝向湖边的。

下午 4 点半，布朗先生拿过来几张领事馆布告，给我们这里、鼓楼、正则、丰乐桥还有女中，我花了大半天时间把它们张贴起来。城里非常安静，街上没有什么人，除了抢劫米店的人，而且这种势头愈演愈烈。有一伙人早上 9 点之前就来到丰源桥，在那里待了一整天。另一伙人在泰昌鞋店附近的太平坊。大街上撒得到处都是米。

半小时前，又一起恐怖的爆炸声响起，响声持续了几分钟。也许是炸桥的声音，也许不是。除非亲自去那儿，否则没法了解真相——但是这个时候已经太晚了。

我们从鼓楼那里的广济医院请到 1 名医生、4 名护士，是为未来几天配备的紧急医务室人员，希望他们都不会有用武之处。今天没有什么新闻，没有广播，所有人都没有任何消息，甚至连传言都没有。

孩子的信我到现在还没有读完，到 10 月底一切看上去都还好。必须要搁笔了，因为天快黑了没有灯，也没有电话——我们要回到原始时代使用蜡烛了。

▶ 12月26日

我们设法静悄悄地度过了圣诞节，当然也不是那么安静，然后又到了更加忙碌的一天。我从一个地方跑到另一个地方，早上去弘道女中，正好碰到三个军人，他们带来了有关军队意志的公告——他们是宪兵——他们正准备发布关于保护外国人财产的公告，我设法让他们写下保护城市里所有传教士以及教堂和学校房屋的内容。我把公告分发到了蕙兰中学、思澄堂、大塔儿巷、鼓楼，又去了其他地方，并把公告贴到我们自己的大门上。狄尔耐和我决定5点吃晚餐，他来了之后我打算去弘道女中过夜。在暮色四合中，我们骑车前往御街，那里大部分店铺都依令开放，日本兵在里面过夜。到达基督教青年会时天已经黑了，我一个人去了弘道。周围很安静，6点30分的时候，有两个军官说要进来检查，其中一个可以讲一点儿英语。过了一会儿，他们就离开了，我把他们送到了前门。我9点钟上床休息，睡得不错，直到凌晨3点钟。寂静中，我在6点半起床去找狄尔耐，然后回家吃早饭。我们沿着丰乐桥骑行，范（光荣）先生已经在那里，夜里不知是谁挂了一面日本旗，我们把它取了下来。来到大塔儿巷，发现那里的情况也是一样。他们说商会传话过来，应该对此持欢迎的态度。我告诉他们这里是红十字会，不能同时挂两面旗。然后去广济医院准备和苏达立医生说说此事，因为他是红十字会的秘书长。在敲他家房门的时候，看门人和贾乃德小姐也来了，他们说发生了激烈的开火，就在马市街对面离苏达立医生家不远的地方。苏达立医生衣服还没穿好就出来，让我们和仆人一起把所有的桶都搜集起来。一开始情况非常糟糕，但是这个地方四周都围有高墙，火势无法蔓延，所以渐渐就熄灭了。我们回家吃早饭，洗漱整理。狄尔耐一吃完早饭就离开了，我写完日记之后也在10点半去了太庙巷。一大群妇女和儿童沿着运河回到了礼拜堂，他们想去太庙巷公立学校的红卍字会难民营，但是又对街上的日本兵怕得要死。于是他们跟在我后面，就这样安全地到达了难民营。我继续走，又在鼓楼停了几分钟，之后又去了基督教青年会和弘道女中。马先生非常生气，因为日本兵来了，还在客房搜查了他和冯（骥良）先生，他们还用杯子和银盾砸坏了玻璃花瓶，又把一些小花瓶拿走了。我回去找狄尔耐，他和我一起去学校。我们商量着能否召集一个会议要求给我们配备保卫人员。在基督教青年会吃午饭已经来不及了，我们吃了个饼就匆匆赶往医院。苏达立出去了，我们就去找主教，结果不甚满意——他似乎认为什么也做不了。在我们动身离开时，在大门口遇见了苏达立、亚细亚火油公司的魏礼士、邮务柯登，他们刚去过松木场和其他地方，发现日本兵打坏了费佩德先生家的后门，闯进去把被褥都拿走了。他们三人都觉得对此事无能为力，我不介意再回去单枪匹马地试一试。他们走的时候把一张布告留给厨师，让他贴在后门上。我们决定2点半见面。狄尔耐之后去把此事告诉葛烈腾和富裕生。我回学校等着开会。葛烈腾最后到，会议决定派一个代表前去和当局交涉，苏达立、魏礼士、葛烈腾、梅占魁主教动身前往。我返回学校，在旗营遇到了狄尔耐，他说找到了可去的地方——于是我们去了基督教青年会，朱孔阳想向基督教青年会要一张公告，于是和我们骑车同去，我们把他夹在中间。如果只是中国人独自骑自行车的话，车子早就被抢走了。到了宪兵司令部，我们提出了问题，正想表明看法，这时另一组人也到了，还找来了一个很好的中文翻译。交谈了片刻，军官们表示他们如果有车的话，会很乐意去这些地方看看。魏礼士表示马上就可以带他们去。苏达立说要看就去医院，因为他觉得那是最重要的。葛烈腾说他们在蕙兰中学有 1300 名妇女儿童，开车从医院出发只要一分钟就可以到，然后直接往北走就可以到仁爱医院，但是如何领路就要看苏达立的了。

我和狄尔耐骑车沿御街而上，想回家早点吃晚饭。街上挤满了打算在商店里过夜的日本兵，鼓楼那边长长的一队汽车一直排到了凤山门的方向。我们到了家，哇，不得了了，阿四（Ah S）、付大嫂（Fu Da Sao）、厨师和范先生都在那里，他们说日本兵又来了，对于领事馆的公告还有他们自己发出的公告都置之不理，搜查了三座房子，楼上楼下。说话的几个人全都异常激动，声音颤抖：让我们快点进房间看看，到底什么东西被拿走了。我检查了房子，发现放在抽屉里的皮夹子不见了。我的剃须刀、朋友让我代购东西的 20 美元，还有 50 元中国货币和一些零钱都不见了。阁楼里上锁的箱子没有打开，我放在大厅里的西装，还有放在铁箱子里的大衣他们也没有拿走。离开我们家后，他们又去了中间一栋房子，之后又去了安尔吉家，搜遍了范先生的物件，又闯进二楼的一个房间，那里存放着安尔吉自己的东西。匆忙吃了晚饭，我们觉得有必要回到基督教青年会和弘道女中去看看。希望他们晚上不会再过来了——但是又觉得应对这两个地方的 1500 名妇女和儿童负责。我们出门时天已经黑了下来，但是南星桥方向的大火照亮了天空。我的手电筒也被拿走了，所以指望不上了。

杭州基督教青年会难民收容所（1937年底）

把狄尔耐留在基督教青年会之后，我一个人去了弘道。一路上我们两人都没有被抢劫，真是咄咄怪事！学校里一片沉寂——今晚我们收容了1200名难民，昨天晚上只有150名——全部都是妇女和儿童，种种关于强奸和劫掠民宅的讲述吓得他们命都快没了——可怜啊，太可怜了。他们挤在一起，睡在餐厅、体育馆里铺了"棉被"的水泥地上，有的地方连一床褥子都铺不开。还有的四五个人，妈妈和孩子，睡一床被子。他们只有一天两顿简陋的饭食。大概7点钟，有个看门人跑来说有日本兵要进来检查。我们出去后发现，他们当中有三个人溜过人行道藏在暗影里，两个人的步枪还上了刺刀。我试着用英语和他们交流，他们只能听懂一两个字，彼此之间又说了一些什么，然后就道了晚安离开了。冯先生把他们送到大门口，虽然他们坚持说不用我们送。到了大门口，看门人告诉我们，日本兵进来的时候说"想要姑娘"。我和负责管理的人员一起看护难民营到 9 点半，然后回房间开始写日记直到 10 点半。不久又被叫了出来，等砸门的声音停止，我才又回来上床睡觉。每个人都紧张万分，每个人家里都遭到了抢劫，他们怎么能安心？今晚唯一的一线希望是，我被三个哨兵拦了下来，一个在基督教青年会街对面的街角，一个在费佩德先生家的前面，还有一个在伍立夫（Oliver）[1]先生家旧大门的对面。我们希望这是开始管束士兵的征兆。看看明天会发生什么吧。晚安——这应该是星期天晚上，但是我没有想到今天是星期天。

▶ 12 月 27 日（一）

尽管形势如此，我还是睡得很好，从 11 点一直睡到 5 点半，又眯了一阵到 6 点半起床。我去了体育馆，看到一片安静，就告诉冯先生要回家。之后去了基督教青年会，见到狄尔耐，于是一起去了丰乐桥，发现他们昨晚也过得还好，正则学校情况也是这样。尽管当晚也有日本兵入内，但是什么也没有发生。接着，我们走上御街——街东边鼓楼南侧燃起了大火，一支装备陈旧的消防队冲上了满是士兵、马车还有大炮的街。回到家，发现范守在大门口，但是这里还相当安静。我们走进去洗漱，我的剃刀没了——所以没刮脸。正要躺下，大门被撞开，三个日本兵骑着自行车就进来了。我过去和他们交涉，他们想要鸡，还让我领着他们转一转。我没按他们说

1　伍立夫（Jay Charles Oliver, 1886—1974），1917 至 1943 年任杭州和上海基督教青年会干事。

的做——狄尔耐也出来了，告诉他们什么也不要做，还让他们看了门上贴着的布告，我们帮他把车子弄了出去。今天早晨我待在家里。狄尔耐一个人出去了。现在是1点半，他回来了，我下午要出去。好吧，好吧，真是"有趣"的生活！

这次就写到这里吧。不要和费佩德先生说任何事情让他担心，他的车也被弄走了。我们希望这一切能很快平静下来。这一次我真的很庆幸你不在杭州。

▶ 12月27日（二）

现在是上床睡觉的时间，今天的工作感觉轻松了一点儿。狄尔耐把昨晚日本兵到我们难民营的经过写成详细文字送到了宪兵司令部。

上尉曾经到访过基督教青年会，所以狄尔耐觉得他们之间可以联系。他把信留在了司令部办公室。今天下午我去了弘道女中之后，一名军官和一位来自商会的中国人过来，询问了昨天日本兵的行为。这让我们觉得他们开始着手此项工作了。两人走后，狄尔耐和范先生来到这家小小的美国学校。那里又发生了士兵伤人的事情，狄尔耐把他赶了出去，很显然他们说的话快把那个日本兵吓死了。我在警察学校附近转了一圈，又沿着御街走，一路上直到鼓楼都排列着大炮和马车，一支新的分遣队刚刚到达，队伍从鼓楼排到了商务印书馆的楼下。我在士兵、马匹、大炮和马车之间穿行，尽量不引起人们的注意，一路来到弘道女中。之后，我又回到基督教青年会，和朱孔阳一起去医院参加一个会议。这段时间，如果中国人单独骑

万克礼日记 / 137

■ 朱孔阳（1938年初）

自行车出门，通常是会被抢走自行车的。天啊，朱是如何一路骑车飞奔的呢！我简直跟不上！会后，我和他一起骑车回到基督教青年会，然后又探访了丰乐桥教堂和正则学校，最后又回到弘道女中。总的来说今天还比较顺利——没有受到日本兵太多骚扰。我顺着御街上行，路过鼓楼时停下来看了看护士们的情况，发现她们一切还好，就回家吃晚饭了。还没等狄尔耐告诉我他今天下午的经历，范先生就急忙激动地说起来。

朱先生和太太9点半到了我们门口。他们说，度过了一个非常可怕的夜晚。我猜他们回到我们这里应该会宽心吧，但那时我感觉这里也远非安全之所。看着用石板顶住的大门，不时就会有人猛砸，但是毕竟整个早上也没有发生什么事，除了陈小姐家有两个女仆和四个孩子想要进来，我让他们进来，想把他们送到太庙小学的难民营。但是在范先生和我去过那里之后，发现沿途有那么多日本兵，我们决定今晚让他们在这里过夜。

晚上，我们一直在学校讨论如何照顾好几位病人还有一两个孕妇的问题。我明天早上去看苏达立医生。今晚，我们这里有1700～1800名妇女和儿童。狄尔耐今晚也待在我们这里。他和我一起去蕙兰中学看望葛烈腾。我们沿着板儿巷直走，路上一个人影都看不到，从那里穿过大方伯，除了两个哨兵之外也没有任何行人。如果被哨兵缠上，只要出示红十字徽章他们就会挥手放行，这是一个新主意。

今晚就写到这里。快11点了，我的床还算舒服，而那些妇女和儿童睡在体育馆和餐厅的水泥地板上，就已经很高兴了，他们把棉被尽可能挨着铺在一起。

东宿舍的走廊上也已经人满为患，要想从中间穿行而不踩到人是很困难的。一名妇女把楼梯最下面的台阶当作枕头，还有一名妇女睡在门口，每次开门都会吹到冷风，但是她们很感谢我们的善意。可以保证的是，这里是一个能安然入睡的地方，并且还有一天两顿简陋的饭食。她们自己家里的东西也所剩无几，房子一次又一次被闯入，这个人不在乎的东西会被另一个人拿走。这一切听上去似乎很新奇，除非这个正在被掠夺的家是你的家。昨天我们顺道拜访了陶冠华（Tso Kwan Wa，音译）的家，有四五个士兵在各个房间里翻箱倒柜。我在外面守着自行车，狄尔耐走进屋里，但是看上去我们似乎无能为力。［F先生（富裕生）的自行车在他去日军司令部的时候被偷了。上面还有英国国旗和日本人的通行证。］

▶ 12月28日

天亮前我就听到屋顶有滴水的声音，现在天已大亮，可以看到外面正下着雪。起床后，我告诉冯先生要去大塔儿巷，看看那边是否有房间，然后再回来。到了丰乐桥教堂，两个男人跑过来问我，他们家的女人可不可以进来。我告诉他们去大塔儿巷吧。在大塔儿巷门口，看见有十几个人打算回家，想看看家里还剩下什么东西。过了几分钟三个妇女从丰乐桥过来，请我们接收她们。回到弘道女中，门口有一大群人想要进去。他们给我打开门，门里面也有一大群人带着被褥准备回家。事情就是这样，我试着劝说她们不要离开，但是她们还是坚持要回家。

之后我直接回家，发现这里的夜晚比较平静。狄尔耐坐在餐厅里，让我先去洗个澡。我没有刮脸，因为星期天的那群"客人"拿走了我的剃刀，还好他们没有拿走阁楼上的什么东西。

吃完早饭狄尔耐和我都要离开，但是范先生留下了。下雨了，天气异常潮湿。我们骑车赶去鼓楼，发现苏达立医生已经在前一天晚上把护士们都带走了。方（Fang）先生和太太是教堂成员，他们的女儿和另外两个小孩在那里。我们决定把他们带走。我把他们的被褥放在车子上推着，他们跟在车子后面。我们从几群日本兵中间穿过，都没遇到麻烦，尽管有几次几个年轻粗鲁的家伙用威胁的眼神盯着他们看。到了医院，发现苏达立医生会去弘道女中诊疗。他认为最好我也一起去看看。一个妇女明显患有肺结核，他不能接收，因为实在无法照顾三个孩子。还有一个胸部长了脓疮，我们把她送到了医院。昨天担心的那个怀孕的妇女，现在看来问题不大，登记后也被送了进去。接着苏达立说，他要和我一起去看看护士们的情况，昨天有个断腿的病人是由护士处理的。那个病人住在羊市街，护士们的东西多得一辆车塞不下。我们又回到了医院。苏达立要去松木场，因为日本兵在那里四处放火。苏达立告诉我带一辆车到羊市街接上那个病人，魏礼士先生会接收他的。

回去的时候，我带了一个护士又走了三分之二的路程，在羊市街东边的一条小弄堂里找了几遍，又向那些不是很害怕的人们问路，终于找到了那个病人——一个14岁的女孩。女孩的妈妈看到我就绝望地求助。一个男人把女孩背起来送到车上，我们把她放在护士身边。她的腿断了，一路上从羊市街簸到医院，登记后再送到赫度医生手上，她连一声都不吭，只是嘴唇微微翕动。之后我去了蕙兰学校见葛烈腾，他已经躺下了，身体不太舒服。我和他谈了几分钟，有人过来说他要送到医院的孕妇准备好了（那个难民营里有27个婴儿出生）。我注意到葛烈腾不太想出门，晚餐也刚准备好，我说我来送。他说那不行，因为必须把那些去的男人再带回来，否则日本兵会强征他们去搬运东西。我告诉他，我可以轻松完成任务，之后就一个人去了。那名女子已经登记，抬她去的男人把她抬上了桥，然后再送到新的医校大楼。现在这家医院是女子医院，我碰见了高德斯夫人，她接收了那名女子。回到蕙兰中学，大门口成群的妇女吵嚷着想要进去，数量较昨天又有所增加。但是这里已经有1700名难民，不能再接收了。我们挤到门前，不得不把她们推出去，说没有办法继续接收了，等下一步通知吧。进去之后，我想让葛烈腾知道我们已经回来了，事情办妥了。但是他不在，齐生请我一起用晚饭，我决定留下来等一等。

齐生拿了个盘子,我坐下之后,狄尔耐也进来了。布朗先生也在那儿,他已经吃完饭了。还有富裕生也已经吃完了。我说,门口的人群,塔儿巷可以接收。这样葛烈腾就宽慰了很多,富裕生和我接手了安排他们的工作,大约有40个妇女和儿童,男人是不允许进难民营的。这样,新增难民的人数达到了400多人。丰乐桥教堂有200多个。今天早上弘道女中的人数是1840人。难民们拥挤不堪,衣衫褴褛。但是并没有发出有关"人性""想家"之类的抱怨,也许因为他们已经一无所有了。

到了弘道女中,一切都还正常。我说今晚就不再回来了。门口有个保卫,他们似乎感觉还好。困扰着每个人的麻烦,是没有足够的米了。商会正在筹措大米,每个人都想囤一些,但是最近这些天大米是被征用的。如果没有卫兵或者士兵陪同,没有人敢在街上运大米。刚开始时我们觉得这种情况会持续四天,现在看来还要一周。从女中回来后,我从宪兵司令部给基督教青年会打了电话,去问了一个问题,之后又去探访了丰乐桥教堂,他们那里的人极度紧张,因为一个日本兵翻墙进入教堂后面范牧师的住宅。牧师的宅子和教堂只有一墙之隔,住宅大门与教堂相通,门一直是锁着的,所以那个日本兵就好像一个困在井里的人。他从小厨房的铁皮屋顶上下来,发出很大的声响。他们都知道有人在那里,只好打开了大门,有四个人把他从前门送出去,那个日本兵竟然笑了起来。

我去了医院,在苏达立家也听明思德和孟杰医生说到了同样混乱的状况。明思德说大学那边的秩序还算好,但是日本兵现在在天水桥教堂区域,他和那些人在那里大吵了一架。我正打算回家,狄尔耐进来了，他给苏达立医生带来了一些信，之后我们一起回去。到家时，范先生就在门口。他替仆人们讲述了今天一户人家的遭遇，他们住在我们旧大门旁边的新房子里，吓得心惊胆战，之后把一架短梯靠在墙上，爬上梯子跳了进来，先是母亲，然后是父亲，父亲还摔在了母亲身上。我不知道除了那些从大门进来的，到底有多少人翻墙进来。日本兵曾抓到过一个女孩，后来她逃跑了，不知怎么也进来了。范先生过来，他们帮忙把那位母亲扶起来，让她在门廊的椅子上休息，这是大概11点的时候。我们回来的时候询问她的情况，她说腿动不了了。发生这样的事情，狄尔耐和我不太高兴，阿四的儿子和阿敏把椅子绑起来，送她到医院。经过简单检查，发现她脊椎骨折了。范和我跟着那个父亲去了他的住处取东西。天已经漆黑了，范把手电借给我，我的手电已经被"客人们"在前几天拿走了。路上满是水坑，我们只能不停地迈过一个又一个，还被日本兵拦下了很多次，不是哨兵，因为我们这条路上没有哨兵站岗。还好红十字会徽章保护我们平安地回到了家中。一个日本兵让我把手电筒给他，但是我不停地走，假装不懂他的意思，于是什么也没有发生。范进来坐下，我们边吃晚饭边谈。我们还是担心，未来的日子会带给我们什么，我们会有食物和木柴吗？现在所有的物品都消耗得非常快。

今晚我一直都在想着你们，希望你们一切都好，觉得自己的工作和我的一样有意义。他们说变化会让万事万物更有趣，那正是现在我们所经历的。种种不确定性和惊喜还在未来等着我们。

▶ 12月29日

尽管白天的经历令人非常紧张，但晚上我睡得很好。有一两次我在睡前写日记的时候，好像听到了嘈杂的声音，头脑中想象着日本兵们从前面的围墙跳下来的画面。有一次我真的出去沿着前围墙巡视，手里还拿着朱先生的手电，但是什么也没有。今早阿四端水上来的时候，我问他是否一切正常，他说是的。我洗漱穿衣，自从日本兵把剃刀拿走后，我就没刮过脸。我下来后，阿四用一种夸张的方式走进来，真怀疑今天又会发生什么事情。原来他发现昨晚有六七个人翻墙进来，就在老门房里。

难民营里有些人的丈夫昨晚也进来了。我和阿四一起走向门房，他们就在那里，有六七个人。他们带着行李、成卷的被褥，还有一两个箱子，所有东西都放在膝盖上，求我做做"好事"，保护他们。我特别不喜欢他们中的一个人，因为他的乞求特别"职业"，显得特别痛苦。我立刻对这些人说，男人不能待在这里。之后我回到房子里，阿四又和他们谈了一会就让他们从大门离开了。我又去了狄尔耐的用人房，那里有个职业乞丐。乞丐和他的妻子请求说，因为他们没有孩子，不会打扰到大家，就让两人一起留在这里吧。他坚持不走，我就暂时搁下此事不理。回到房间，狄尔耐过来了，我们在早饭时聊得很愉快，商定我早上出去，他下午出去。我曾告诉厨师应该节约使用木柴，他进来说这里有些人带了木柴过来，我们要是能用就好了。大门口又来了几个妇女。我们把石头拿掉让她们进来，这时她们的丈夫大部分都会一直用被子和大米在身后推着她们。狄尔耐和我找了五六个人一起去想办法找木柴，并决定要清理任何不属于这里的男人。因为阿四和其他人都非常怀疑那个职业乞丐，我就去找他。他溜到了门房坐在那里吃烧焦的玉米饭。其他人都抱怨他说是从江北岸过来的江北佬儿，非常不可靠。我让他跟我过来，走到大门口，他开始哭起来说想见他老婆。之后又坚持不走，我就从背后用力推他，把他从狄尔耐的用人房推出了大门。

我们又去了旧大门旁边的小巷，旁边是个大垃圾堆。我们从新房子里找了些木头，把它们运了进来。之后我准备进城，让狄尔耐把申先生的老母亲带进来，申先生就是昨晚翻墙的那一个。我到了医院，明思德、苏达立、高德斯主教、葛烈腾还有富裕生先生都在那里讨论和宪兵交涉的事，以及发生在各个难民营和医院里的事件，包括日方是否可能批准往难民营运送大米的通行证。所有人都缺大米，商会也在解决这一难题，但是还没有什么进展。高德斯主教要就此事前去宪兵司令部协商。明思德也要去那里为天水桥申请一名卫兵。我接着询问了申夫人在广济医院女子部的情况，医生说她确实骨折了，还牵扯到了脊髓的问题，所以需要几个月时间的治疗。我接着又探访了大塔儿巷和丰乐桥，发现他们晚上还比较太平，接着去了基督教青年会了解一下他们是否还在接收妇女，然后回到医院为基督教青年会送信。从医院出来我准备回家，沿御街而上，一路上见到的日本兵比24日以来都要少。鼓楼教堂非常安静。护士们还没有回来，看门人和那里的三个基督徒也都安然无恙。我继续骑行回家，鼓楼那边还是有长长的炮队，不过没有昨天那么多。

我骑到了一群推着手推车的日本兵当中，拐来拐去，最后还是不得不下车，在人行道上推行。到了太庙巷的红卍字会难民营，我停了下来，那里这几天人都非常碌。他们的麻烦是日本兵总是在那里逛来逛去，而他们又不像我们一样会关闭大门。作为外国资产，再加上领事馆的公告以及宪兵司令部的命令，我们会比中国团体对资产的保护做得更好一些。太庙巷耶稣堂没有人闯入，因为礼拜堂被封住所以没有人能进去。朱先生和太太开了一扇窗子，里面的一根线上悬挂着一面小小的美国旗帜，还有宪兵司令部的公告，门上还写着"美国长老会使团"。

狄尔耐一早晨都非常忙碌，从很多地方接收了妇女。我们一起吃了饭之后，他就冒雨骑车离开了，雨从昨天早上就一直下。他给葛烈腾带了一捆莴苣，又给医院的申太太带了一床被子。医院里的被子不够用了。2点半，范牧师和朱先生回来之后我出去接收了一个妇女。范牧师守住大门，朱先生和我一起沿着运河路过杭州美国学校。我们大概接收了四五个妇女，当回到大门口时，又发现五六个妇女从其他地方跑到这里来。狄尔耐中午时曾告诉我，用人房里还有28个人，现在又多了十几个人，所有人都请求我们"拯救"她们。想想那些古老的难民之城！我们出去给她们找被褥和食物，有些人过来时这些东西都没带，回来时又有其他人和我们一起进来。大家有条不紊地忙到5点，狄尔耐回来之后我们又出去了一趟。

一个妇女开始抱怨，她从陈小姐那里带来15捆木柴，但是其他人一直在用她的木柴。朱先生告诉她，我们不得不节省使用，目前形势是没有办法单独开火做饭的。朱先生的任务是为所有进入难民营的难民登记。天晚了，但是他的工作还没有完成。晚饭时，他进来说一共登记了72个，明天会完成，包括阿冯（Al Vong）一家和阿四的老婆跟儿子。我们的老门房还有木匠的房子，楼上楼下都住满了。狄尔耐家里楼上的两间房，楼下的一间用人房，还有第三座房子楼下沿墙的两处地方，也全都住满了。一个长得很好看的姑娘把被子铺在那里的水泥地上，说："这里是天堂。"终于到了感觉安全的地方，他们的情绪相当混乱。晚饭后范先生和我去所有房间巡视，看看她们是否都好，发现她们没有脚炉取暖。我们期望今晚会很平静。今天似乎有大批军队经过，明思德说今早炮队经过了大学，他过来都很难，在过来的路上，每隔一小段就会受到盘问，而平时路上只会碰到一两个哨兵。毫无疑问，明天某些地方就会遭到洗劫，人们纷纷逃散，四处搜寻可以安睡的地方，但是条件会比这里差得多。小城镇和村庄将要遭受的苦难是无法描述的。

▶ 12月30日

起床时已经7点多了——又是一个阴天。昨夜很安静，我巡视了一圈发现秩序井然。8点钟吃早饭，饭后范先生过来。有人在门口想要进来——看起来像是几个妇女。我打算上午9点钟出门，狄尔耐和范先生留在家。我去了羊市街，那里的士兵少了一些。又去了蕙兰中学，见到了富裕生先生，之后还见到葛烈腾。主要的问题还是大米，但是有一些大米已经从商会运了过来，我们期望今天问题能得以解决。我又去了医院，问了申夫人的情况。正当我要离开时，明思德开车赶来，我们聊了一下，他说大学那边的形势今早有了一定缓解。离开医院，我去了大塔儿巷，他们刚拿到10袋大米，情况也有好转。在丰乐桥，又收到报告说有一个孕妇。我回到医院询

■ 难民营的工作人员，左起为朱孔阳、邬式唐、田浩来、狄尔耐、赵克文（1937 年）

问有没有地方收留她，贾乃德小姐说可以把孕妇送来。4个男人用一个中式床架抬着孕妇，我和他们一起把她送到女子医院，然后又把那几个男人带回来。这段时间医院不允许访客进入，每个进出大门的人都会受到严格检查，因为各种各样的人都把那里当成难民营，想进入避难。到达弘道女中的时候，我看见一辆军用卡车正在往下卸 25 袋大米，他们的大米问题也解决了。他们让我把大米收条拿回商会，但是我一开始告诉冯先生和赵克文（Dzao Keh Ven）夫人，说赫度医生会在 2 点钟过来为生病的儿童看病，她会在那时找个地方把收条收起来。鲍（Bao）先生说如果我有时间能去羊市街的家里检查一下那就太好了。

我沿着御街走，到了商会停下来送收条，但是我被带到了一个很远的地方，商会主席正在那和一些中国人以及日本人谈话。之后我又去了鼓楼，那里很安静。回来后，我先去大塔儿巷送口信，然后又去高德斯家吃晚饭。富裕生、葛烈腾和布朗先生都在那里，我们过得很愉快，主要聊了一些最近几天发生的事情。

晚饭后我急忙赶回家，到家时狄尔耐正打算离开。他们又遭遇了日本兵。这次日本兵正要爬上学校的围墙，还站在墙头上，狄尔耐让他们下来的时候，其中一个拔出了枪。尽管这是一次恶意事件，但不管怎样他们还是下来了。

更多人聚在门口想要进来，在众安桥附近，有个男人问我能不能让他家的女人们进来。我跟他说回去看看再给他回复。范和我回去找到他，正说话时，日本兵闯进了他家，一个妇女进去拿东西，我们在外面等她。一个年轻的日本兵走过来检查我们的徽章，但他既不会说英语也不会说汉语。我问了那个士兵几个问题，他几乎没有转身，而把他的步枪上了弹夹，站在那里像个放哨的卫兵。我告诉范现在唯一能做的事就是去清河坊的宪兵支队办公室，所以我们直接就跑到那里去了。一个毕业于京师同文馆的和气的年轻人接待了我们，他的英语和汉语都说得非常好。听完我们的叙述，他找了三个人和我们一起去。到了众安桥那户人家附近，我们本来要接收的那些妇女——而不是她们的男人——问我们可以去难民中心吗，我告诉她们可以。我停下来，向跟我一起来的人解释，日本兵是在哪里向我们实施危险行为的，他们是从哪里爬到杭州美国学校墙上的。我们站在那里的时候，有十几个妇女走过来，军官开始用汉语问她们，日本兵从她们那儿拿走了什么东西，她们为什么害怕，并试着让她们平静下来。我们接着往前走，那名军官和他带来的人进了一扇门，宪兵在他们中间说了些什么，最后也进去了。军官想去看看难民，我就把他们带到了门房和难民中间。那名军官非常和善地与她们交流，并试着安抚她们，说到了明天或者后天，他们一定会有办法的，所以不要害怕，如果以后还有麻烦就向他们报告。军官们似乎对他们的所见所闻很感兴趣，并试着想办法来打消人们的恐惧（这是需要深思熟虑的！）。我们忙着接收难民，一直到天黑，出去好几次接她们进来。我们决定把她们安置在门廊里，把桌椅都搬开，挂上能找到的窗帘和垫子。等所有的地方都住满了，我们把多出来的人安排在狄尔耐家的门廊里。朱先生和太太四处张罗，为所有人登记，清点人数时，发现昨天进来了 82 个，今天 75 个，一共 157 人。我们安排男人们两人一组值夜，每组两个半小时。我们吃了晚饭，觉得真是紧张的一天。

▶ 12 月 31 日

起床的时候又下雨了，这是第三天了。昨晚很安静，这是阿四端热水上来的时候说的。我还没穿好衣服，就听到大门打开的声音，有些人想要进来拿东西，有些人的男人从家里送东西进来。吃完早饭，狄尔耐准备出发，我和范先生早晨要留在这里。人们开始请求我们去接他们的女人。我们先去了杭州美国学校附近的陈家，带来了被褥、炉子、木柴等物品，又带了几个妇女。之后过桥去城墙那边，打算再接 1 个妇女，但事实上接回来了 5 个。一个男人走过来请我们去富民巷，几个年轻人和我们一起过去，在那里我们装上了棉被、大米和木柴等物品，带回来 3 个妇女。但是刚回到大门口，那个男人又走上前对我们说有 2 个最好的姑娘没跟我们一起回来。有人对他说，日本兵来了姑娘们吓得不敢出来。结果我们又走了一趟，带回那 2 个姑娘还有 1 个老奶奶，在回来的路上我不停地说："现在这个时代，美貌是女人最大的负担。"

范先生把她们安置在门廊上，我们决定不再出去了，因为一定会有人乞求进来，但这里已经太拥挤了。

现在时间已经 11 点了，四周安静了下来。敲门的声音也比以前少了很多，除了偶尔会有日本兵过来砸门。范和我闲坐在前门，我正好趁这个间隙修剪台阶下那棵小枫树的枝干，枝条四处延伸会戳到人脸。

午饭前，狄尔耐把他的铺盖从基督教青年会拿回来，有个搬行李的人跟着他过来，所以我要把那个人送回去。顺便说一下，齐生，也就是葛烈腾的厨师，被日本兵带走去搬了很长时间的东西。后来葛烈腾去了领事馆，看看怎么才能让他回来，于是厨师就被释放了。离开基督教青年会，我去了弘道女中，那里的大米还算充裕，因为有些人这两天已经回家了。他们报告说今天有 1308 人。接着我又去了蕙兰中学，在路上我遇到了宪兵队的一个日本翻译，他正要去找布朗先生，于是我们同行。到了葛烈腾家，齐生告诉我们布朗在新主楼里，因为日本兵去了那里。我请藤丸先生和我一起去看看布朗那边的情况。我们刚到校园的小门，就看见学校的宪兵护卫引领着日本兵从学校出来，葛烈腾和布朗跟在后面。藤丸先生大步流星地冲到那些日本兵面前，用日语厉声呵斥他们。他让一名士兵前行出列，用手扇他的脸，扇完一边扇另一边，拿走他们的番号，跟卫兵说把他们带走。他们可能会再次听到这句话！

葛烈腾今天会开办一个诊所，和孟杰医生一起的诺顿（Norton）小姐，正在为几十名妇女和儿童诊治。他们拿出了蕙兰的报告，让我和弘道的报告一起送到商会——报告说这两个地方有超过 2200

万克礼日记 / 151

人。从商会出来我去了甘惠德（Sweets）[1]夫人的家，就在清波门附近，富裕生先生收留了大约100名妇女。到昨天为止，她们都还安全，但是日本兵开始试图闯入。到了那里，我看到富裕生先生已经在那里和坂本（Sakomoto）先生交谈，他就是昨天去过我们那里、毕业于京师同文馆的那位。他们决定在那里待上一个晚上看看情况到底如何，如果真有麻烦，就把人迁到弘道和丰乐桥。

之后我回家，沿御街而上绕过警察学校。和前两天相比，街上没有那么多兵了，但是炮队还是沿鼓楼排开，马匹仍然养在商店里，一直到太庙巷教堂，不过教堂还没有被闯入。

回家后，我发现整个下午妇女们都在不停地涌进来，狄尔耐守在门口。一个十八九岁的年轻人一直在乞求让他进来，尽管他怕得要死，但我们还是坚持请他离开。所有房间和门廊都挤满了人，煤炉挤在蓄水池旁边，挤在鸡圈旁边，到处是嗡嗡声，但是人们却感觉终于得到安置了。朱先生一直在登记，结束后汇报说新来的难民有258人。吃晚饭时，范先生坐在那里不停地说。晚饭后我们到人群中解释，让他们了解我们在警卫方面做的工作，安排男人们两人一组值夜，每组两个小时，从晚上10点到早上6点。我们会在早上10点开始工作，到这个时候就不必警戒了。又是漫长的一天，但是和昨天相比的话没有那么紧张。明天我们计划不再接收难民了，至少我们不用有人再为了什么事情出去，形势可能在改善。但这已经是第八天了，我们期望再有四五天就可以结束了。

1　甘惠德（Winfield Scott Sweet，1854—1917），美国北浸礼会传教士，1893年来华，1899年到杭州，创办蕙兰学堂，任学堂监督。

▶ 1938 年 1 月 1 日

亲爱的妈妈，路易丝和卡尔，今天是新年，天气晴朗。

今早更多的妇女来到校园，我们感到非常拥挤。我们的陈老牧师，他的夫人和儿子也来了。说他们再也受不了了，家里的米大部分都被拿走了，他们希望去取回剩下的一点儿。因为我们这里有几个人没有带米，所以有些困难。范先生和朱先生要去商会拿一些干瓜给教堂里的难民。所以我决定写信给商会要两袋米。他们轻松地取到了米回来。回来的路上，他们在太庙巷耶稣堂停了下来，在那里遇到了一些凶恶的日本兵，抢走了他们的钥匙并把两人都打了一顿。他们已经进了门，但是因为听到楼上有士兵的声音就没有再往里走，日本兵可不希望有目击者！

整个早晨日本兵都在大门外拼命捶敲。有一次，我打开门，看着来访者，是位带有星形徽章的上尉。他试着用英语写下想要进来看看的语句，我笑着摇了摇头，他也就转身离开了。

吃午饭的时候，我们听说有个妇女跳进了运河，但有人把她拖了上来，又生火为她取暖。我们让人把她带到书房，发现她下颌肿胀，还有两处深深的割伤。我们给她洗了脸和手。付大嫂和范光荣太太给她拿来了干衣服，把她的东西在太阳下晒干。我试着帮她清理下颌上的伤口，但是我既没有红药水也没有绷带，只有棉球。我们来这里时间不长，也没有足够的日常用品。因为她还是很冷，我们就让她坐在餐厅的火炉边。厨师和付大嫂帮了大忙，阿冯也在旁边帮忙。

午饭后我要进城，轮到狄尔耐留在这里。我在蕙兰中学停了下来，看到葛烈腾去医院取补给，赫度医生在大门旁守候着。这些天来，医院职工们轮流在大门口值班，以防不相干的人混入。即使主教也会轮岗。在弘道难民营汇报了两例病例后，我让救护车去接他们。回去的路上，我在宪兵办公室下车，留下一份太庙巷教堂事件的报告。翻译坂本先生相当客气，读完我的陈述，他说会把两个人送去调查。那时已是黄昏时分。到了大门口，我发现狄尔耐处理完事情以后出去了。对于那个女病人逃跑，日本兵非常生气，其中一个士兵喝得大醉，在那里大闹。他们大骂一个中国人，还打了他，狄尔耐帮助那个人清理了割伤和刮伤。我们和范先生一起吃晚餐，旁边还坐着那位女病人，她似乎感觉好了一些，因为她坐在能看到我们吃饭的地方。她丈夫去了嘉兴秀洲中学。晚饭后，我们给她包扎伤口，安排她睡在客厅的地板上，并让付大嫂"陪"着她。她 10 个月大的孩子是个安静的小家伙。而我挪到狄尔耐的房间写作。

▶ 1月2日

星期日。经过一个安静的夜晚，我发现我们的病人和婴儿坐在餐厅的一个箱子上，她显然感觉好多了，但仍抱怨头痛。有人进来报告说一个看门人臀部中枪了。我们认为该把他送到医院，并准备了一张长椅。接着，顺发（Tsun Fah）进来说，他住在大桥附近的一个亲戚脸上头上都被割伤了。我们决定把两人都送到医院。因为我不能这么早就去，就让他们随身携带了一个红十字徽章，认为这样在运送伤员时就不会受到骚扰。后来我去医院把这两人接回来，在路过羊市街包医生[1]的医院时，看见门大开着，两个士兵在门口闲荡，但是我身边还有伤者需要照顾，因此没有停下来。一个警察给坂本先生——那个翻译打了电话。我们建议他们应该一天在街上巡逻几次，他认为这似乎也可以安排。

午饭后一阵浓烟从南星桥方向升腾起来，那里是位于我们南边的郊区。烟雾像浓云一样遮天蔽日，烟雾中我们闻到了烧焦的茶叶的味道。我们在园区中边走边观望着来自各个方向小型火事燃起的烟雾，烟雾持续了半个小时，直到3点半富裕生先生到来。他刚从南星桥来，遭到了哨兵粗暴对待。他目睹了南星桥所有的起火现场，从江边到运河，甚至运河西边。富裕生先生害怕大火会烧到他的寓所。他的寓所再一次被破门而入，对于采取措施来保护房子，他已经不抱任何希望。他着急想赶往甘惠德夫人家，但又不想一个人去，可是我也不能在狄尔耐不在的情况下离开这里。

狄尔耐回来后，带回一份新组建"政府"主要领导人的名单。但是我一个也不认识。天渐渐黑下来，大家都安顿好过夜。我们的病人和付大嫂也准备入睡了，我去狄尔耐家写日记。当夜天气阴沉，但是从南星桥传来的火光将天空映照得如同笼罩在月色之中。

---

1 指包金琳，也作包金龄，浙江上虞人。广济医校第三届毕业生，时任浙江省会警察厅医官，杭州思澄堂长老，住址在上羊市街五十七号。

▶ 1月3日

星期一。凌晨3点后，我就辗转反侧无法继续入睡了。我听到大门开了几次，所以在5点半就起床出门了。人们趁着天还没亮回家取东西。一位老太太给她女儿带了些东西，破坏了外面送东西的人不能进大门的规定。她的女儿和其他人一起睡在楼上，据说丢了一枚戒指。老太太开始大发脾气，所以我们只好让朱太太起床帮忙解决问题。我们搜查了一遍，但是什么也没找到。有几个人因为那个年轻女子昨晚展示戒指而斥责她。她母亲还不满意，但我告诉她要保持安静，戒指目前来说是件小事。此外，除了被褥和食物，她们不应该带任何东西，我又告诉她现在没什么事了，让她离开这里。之后人们又冷静了下来。

7点钟后我又回到楼上，8点钟吃了早餐。今天没有伤者送来。但是他们说有个人死在了我们旧大门对面的茶叶店旁。又有一具尸体被丢进了运河里，我去商会汇报了此事。他们有个组织处理这类事件。

在范的教堂（思澄堂），他们让我与陈厚生（Dzen Kyi San，音译）的母亲联系，她现在已经90岁高龄，还有三个女子与她在一起。[陈厚生就是陈先生，现在住在美国的安娜堡，也许万曼（Weinmann）一家可以捎话给他] 我去医院想找辆救护车。明思德刚到，苏达立医生也刚从麻风病院回来。高德斯刚用救护车拖完木柴。魏礼士刚从家里 [聂士麦（Nasmith）家] 回来，他的家被士兵破门而入，大肆抢掠。明思德讲了个长长的故事，关于他坐在家中的草地上，看着江对岸的炮火一直延伸到下游的体育场旁。过了半个小时，我终

蕙兰中学难民收容所难民合影（约1940—1941年间）

于和高德斯与苏达立说起了救护车的事。我们要出发了，但是还是觉得有一个警察和我们一同前往比较好。我们先去了司令部，在那里上尉说了很长时间，说难民工作由外国人管理，有些被安置在市中心的卫兵没有受到人们的善待，人们纷纷去寻求外国人的保护而不是去找日本警察。他觉得自己无法指派人陪我去，并建议我独自前往。他人很和善，但是也急于想让我了解他的意思，就是他显然对事情的现状并不满意。那时天已经太晚，我追赶不上那些妇女了，因此就把救护车还了回去。我开车回到蕙兰学校，看到一大群人挤在门前想要进去。看门人递给我两瓶牛奶，这是我们上月24号以来第一次拿到牛奶。

考虑到大学那里很危险，明思德考虑把所有大学的用人以及他们的家人都带进来，总共大概100人。明思德询问大家的想法，如果把财物都留在那里会怎样。所有人都说没有使团会冒着生命危险去护卫那些财物，只要他觉得把那些人都迁进来对他们来说是最好的做法就行。

▶ 1月4日

　　星期二。天气晴朗。紧张的晚上过后是明亮安静的一天。刚过10点，我正想钻到被子里睡觉，突然听见一阵可怕的巨响，是撞击大门的声音。我又匆匆穿上衣服，刚准备好，厨师跑过来说，值班的男孩子们希望我出去一下。我出去时撞击声已经停止了，但是不速之客们开始大喊大叫，并朝我们的大门走来。我想他们一定是喝醉的日本兵（中国人不习惯喝醉）。他们朝大门上狠狠踢了几脚，之后又吵吵闹闹地沿街往我们隔壁孙先生的新房子走去了。在那里，他们把照顾孙先生的用人从床上拉到街上，殴打他，逼他给他们找女人。当日本兵把那可怜的家伙拖到我们墙外时，他疼得大叫起来。女人们急忙跑出来，在黑暗的角落寻求庇护，直到那些劫掠者又去另一家门前摇砸。

　　今早我试着带张便条送一名看门人去医院，但是他害怕这样做太冒险，决定随他去吧，他自己把头包了起来。日本兵用锡制水管打他的头，幸好没有破皮。

　　我拿着昨天的牛奶瓶骑车去了蕙兰中学。葛烈腾站在大门外，说孟杰医生刚开车带了一车妇女离开，她们想进来，但是不得不把她们送到别处去。这里已经收容了2700人，无法再接收了。他们每天把这些妇女拉到一个地方避难。几天来，一直有这样的问题，过多的妇女和儿童等在大门口等待安排。一天，她们被带到弘道女中，还有一天，富裕生先生和我把一大群人送到了正则学校，今早我们又把一救护车的人送到那里。之后孟杰医生和我又带着救护车去了丰乐桥教堂，找了几个工人一起去接陈牧师90岁高龄的母亲和她的老用人。她住在皮市巷扩建的部分，就在马市街老家的北面，正对着一条宽阔的十字路，菜市桥。这条街上挤满了士兵，他们把我们团团围住质问我们在干什么。最后孟杰医生被叫去见驻扎在那里的部队指挥官。之后我们离开，老太太被送到了教堂。

今天我们的送奶工来了，砸大门的士兵也少了一些，所以觉得情况稍微有些好转。我们认为来自法租界的张啸林，他在莫干山上有一处大房子［卡彭·卡尔（Capone Karl）］，是支持这里的"政府"的，尽管名义上不是"政府"一员。他明天应该会到这里。

昨天宪兵从难民营撤出了所有的警卫。上尉似乎觉得士兵们没有受到应有的招待（很难提供他们认为足够好的食物）。高德斯主教去了领事馆，经过几个小时的艰难工作，终于将这批警卫换掉了。

现在和昨晚一样安静了，希望不会有骚乱。但我们从不知道什么时候会有意外。我一下午都在外面转来转去，巡视大门口、墙头和附近的屋顶，有点像在放哨。阿四是个非常尽职的看门人，非常严谨。他在大门加了锁，这样就没人打得开了。我们希望这种情况不会持续太长时间。

▶ 1月5日

星期三。今天去商会运来了他们承诺的四袋大米。我们带了绳子、棍子和足够的人手，这样就可以三人运一袋，路上时间也刚刚好。因为狄尔耐和我一起去了，所以路上没有人骚扰我们。卸下大米，我又围着难民营转了一圈。街上哨兵多了，闲逛的士兵少了。

狄尔耐离开去巡岗后，又有一大群日本兵在门口闲逛，还在纸上写着"能不能进来逛逛"。我们还是和之前一样的态度，说根据军事政策的规定，除了警察之外，士兵不能入内。我们还加了一句"请原谅"，他们大笑着离开了。

我们的病人左太太，现在已恢复得很好了。她和付大嫂仍然睡在起居室里。我每天给她更换下颌的绷带，不久就可以痊愈了。

阿四这些天非常忙碌。在门口从早上6点一直守到晚上6点，除了吃饭的时候才能稍微休息。我们还额外多派了两个人，在必须打开大门的时候，帮他搬开挡门的石板。有人要递东西进来的时候，他也一定守在那里，严防有人试着推门进来。我们定了个规矩，任何捎带食物和被褥进来的人，必须要先递条子，写清楚是谁带了什么东西，然后门打开一条缝，再把东西塞进来。

▶ 1月6日

星期四。晚上很冷，有些孩子哭了起来。人们很早就在大门口等着递东西。有人告诉我他们发现有个人被捅死在陈家门口台阶上，捅在了太阳穴上。另一个人又说，叶家的门大敞着。据我所知，所有外国人的家都被入侵了，除了像我们一样当时确实有人在家守着的，但即便如此，还是有人闯了进来。慕天锡的家被打砸，入侵者还把他推倒在地，拳打脚踢，慕天锡的头部也遭到重击，家里的东西也被抢走了。一位法国牧师遭到恶劣对待，明思德也在天水桥吃了苦头。警察们正在忙于我们被劫掠的案件，他们认为已经找到了肇事者。

今早听到了猛烈的交火声，应该是在之江大学那边，再次朝江对岸开火。但并没有持续太久。

我让两个年长的人回家看看还能找到什么东西。一位是我们的老教师，陈先生。他刚回来，在家里看到的情况并不乐观。刚到门口，他就发现所有的门都敞开着，桌子侧翻，椅子也无影无踪。正想往里走，看看自己成捆的木柴还有三份大米是不是还在，这时一些日本兵走进门来，所以他决定不进去了，免得被指控偷窃——在那种情况下，人们是不可能解释那是他的家的。我不敢想象乡镇和村庄里的情况。

我刚去了叶的住所，日本兵早就去过那里了，他们翻墙而入，房子里都被搜了个彻底，房间里乱七八糟地扔着报纸、抽屉和箱子。我甚至没有去楼上，根本没有什么可看的了，于是关上门，离开了他家。回去的路上我们沿着运河走，路过邓先生家，上了桥又回到营地。路两边一个人都看不到，只有几个日本兵在水警警察局长家旁边生火取暖。一切都很平静。

狄尔耐回来得很晚，他被迁移的大部队挡住了归路。当我沿着羊市街巡视时，我发现这里已经完全荒废了。又回到御街，街上除了一两个日本兵在观音阁，没有其他人。所有的关卡设施都被清空了——一座荒废的城市。能在天黑前赶回家还是挺高兴的。

▶ 1月7日

今天我们请藤丸先生一起吃午饭，也请了范先生。付大嫂对我们请日本兵来做客这个主意很不以为然。但是他们也都知道警察是我们保护自己的唯一依靠。藤丸是坐孟杰先生的车来的，他还带来了领事馆的西野先生。付大嫂不得不多添了个盘子。我们相处得很愉快。这完全是一次社交拜访。经过询问我们发现藤丸先生是个基督徒，上的是教会学校，知道香川（Kagawa）的工作，也认识美国南长老会使团的梅耶（Meyers）医生。我很高兴范先生有机会见到他。他们离开时没有交通工具，所以只能步行回去（当然这段日子已经没有人力车了，即使现在有车的话，也没有人敢冒着生命危险去拉车）。在后来的巡视中我见到了魏礼士先生，他告诉我已经为费佩德博士家尽力了。他和警察在那里待了几个小时，也没有什么可以做的了。他认为如果可能的话，我最好把那里封起来（费佩德博士在魏礼士先生的关照下已经离开了他的住所，希望他能保住房子，防止被洗劫一空）。我还要为营地安排大米，并且只有得到警察允许才能走动，藤丸先生帮我安排了。鼓楼外的御街上依旧人迹全无，但大炮和沉重的卡车沿着太庙巷排开。还有很多马匹就养在我们礼拜堂两边的商店里，礼拜堂早就被占用了。

▶ 1月8日

这一夜很安静。一早上我都忙着解决大米问题。弘道女中从昨天起争取到了68袋大米。我们自己拿到了一些土豆，齐生认识盐桥的一个人，那里还有一些剩下的。120元1磅，块茎又细又小，可那也是土豆啊！

在葛烈腾家遇到了明思德，他担心天水桥那边，因为裴来仪

（John Mercer Blain）夫人[1]家被五伙日本兵翻查过，华葆仁（Worth）和魏小姐（Annie Randolph V.Willson，美国南长老会女传教士，在杭州布道）家里也遭到三伙日本兵的翻查。我们抄最近的路回家，回到家里都觉得很庆幸。这些天里任何人都不想在街上被发现带着东西，总有人想看看你带了什么并把它们拿走。

▶ 1月9日

今天是星期天，但是和平常没什么两样。我和平时一样轮岗巡视。但是朱先生和太太——我们的福音传教士，需要在不同群体中主持仪式。在观音阁我看到绵延不断的马车拖动着车厢朝大方伯那里行进。后来在医院大门口，贾乃德小姐告诉我，这支队伍已经行进了一个多小时了。队伍运送的都是劫掠的财物。我设法从队伍中穿过，到了丰乐桥教堂。在那里人们告诉我，陈厚生的老母亲已经于昨晚去世了，他们要把遗体送回她家里。我去医院寻求帮助，借到一把中国剃刀。下午又去了一趟弘道，把我的被褥从那里取回来。医院附近的街道上除了有几个士兵之外安静如昨。御街上的士兵多一些，但是看上去也并不引人注目，日本兵还是尊敬外国人的。我向他们中的很多人点头致意，也大多能得到回应。

最近所有物资都短缺，蜡烛、木柴、各种食物。我们手头没有猪油，没有鸡蛋，也没有肉，还有很多人缺少食糖。无疑，我们正经历着前所未有的生活。

---

1 裴来仪夫人，美国南长老会教育传教士，在浙江嘉兴兴学布道，后到杭州。

▶ 1月10日

　　昨晚5点半，一个女人大声砸门，高喊着："救救我，救救我！有个日本兵在抓我！"大门早已经上锁，并且为了平安过夜还被堵上了，但是最后我们还是把门打开放她进来了。在这种情况下我们不鼓励妇女回家。今天早上日本兵又开始不断砸门，直到我和狄尔耐都出去为止。他们又提出惯常的要求，我们也回以同样的提议，最后他们终于离开了。

　　我去了警察局，为了取得把叶家留下的东西搬到我们家的许可。他们派了两个警察跟着我们，我们一直忙到中午，搬了些衣物、盒子和很多木柴，这都是我们需要的。我和他们一起吃了顿中餐。昨天有个邻居送了些鱼，所以我们饱餐了一顿，饭后一起喝了茶之后，他们就离开了。

　　在今天下午的红十字会议上，我们试着了解和猜测局势到底什么时候能足够安定，这样妇女们就可以回家，难民营也可以关闭了。过去的几天情况有些改善，但估计明天还持续会有日本兵要来。我5点就回去了，这几天没有人想晚于这个时间出去。

▶ 1月11日

　　日本兵没有那么显眼了，大街上的中国人也多了一些。在医院我见到了藤丸先生，他正帮着苏达立医生安排，把受伤的部分日本兵安全送走，他们中的一些人很快就能离开了。

　　我想就费佩德博士住宅的事情和藤丸先生约见一下。他说亲王

（天皇最小的弟弟）今天会来，明天离开。那之后他就有时间了。西野先生也来了，我安排明天和他见面，准备要一张城市通行证。狄尔耐和我决定只要难民营附近有日本兵，营地就必须对妇女们开放，我们预期这种不安定的状态还要持续一段时间。今早，一大队日本兵出了城，他们从医院前经过，另外还有看不见尽头的卡车和火炮队伍经过了盐桥。

■ 万克礼夫妇的通行证

鉴于亲王要来，他们打扫了御街。稻草、纸张、床垫、碎玻璃、破家具，再加上马厩的打扫，使得街上尘土弥漫。下午时，嘈杂声又从警察学校响起——再加上浓雾——应该又是一场类似的大扫除。从下午 3 点到第二天上午 9 点，人们被告知不要到街上去。

下午，来了个男人，很明显脑子不清楚，到这里带他的妻子和孩子回家，还造谣说所有日本兵都会撤离，然后整个城市都会被炸毁、烧掉。这件事在妇女中引发了恐慌，有人晕倒了，我到那里时还有十几个人在哭，我用力分开人群，想了解这一切的原委。晕倒的女孩子很快苏醒过来，其他女孩也不哭了。最后终于搞清楚，那个散播谣言的"怪人"多半是因为灌了很多新酒。现在这些都是共有财产了（如果你能抢到的话），包括酒店的存货。

▶ 1月12日

今天所有的日本兵好像都在搬家。他们把所有中国人都拉去搬东西、推卡车或者拉人力车。大批人经过医院门口，人流好像没有止境，一直持续了几个小时。我在蕙兰的时候，葛烈腾和富裕生先生决定去甘惠德夫人家里看看。所以我在前门看守，让一些人到街对面的井里担水，以免日本兵把他们带走。看他们打了20担水之后，我就去了日本领事馆。我和西野交谈了一会儿，又帮他想出通行证的正确英文表述。孟杰先生也来这里要一张去上海的通行证。

狄尔耐和我穿过安静的街道往家走，我边走边想：一个民族对另一个民族的爱是最了不起的，而表达他们爱的方式却让人不可理解。家里面都被洗劫一空，没有家具、被褥、衣服、餐具、食物等等。人们满怀恐惧地被威胁、殴打，驱赶出自己的家——所有这些都不能被称为兄弟之爱的表现。(《以赛亚书》1：7)

▶ 1月13日

高德斯夫人今天再次邀请我去吃午餐。铁逊坚先生、弗斯（Firth）

小姐、富裕生先生和我们一起度过了非常愉快的时光。铁逊坚先生非常感激地谈到我在圣诞节那天送给他的宪兵通知,"那是一个人所能收到的最好的圣诞节礼物之一"。我们听说难民营就要被解散了,因为商会已经无法再分发大米了。

▶ 1月14日

我去费佩德先生家,看到昨天还停在大门内的车不见了。我一边想着该怎么办,一边骑车去往医院。在御街附近,我看见藤丸先生与一位朋友在说话,我告诉了他这件事情。他立刻跟我走了,我们注意到有车开出大门的轮胎印迹,车朝西湖的方向去了。来到吴山路时,我看见一辆车停在右手边,仔细看那是一辆普利茅斯。我记得座椅套子的图案,还发现地上有个外国的扫帚。藤丸先生和两三个人谈了一下,他们走到一条巷子里,一会儿带了一个人出来,那个人承认昨晚把车开了出来,之后他们让那个家伙道了歉!在我去找魏礼士先生一起把车拖回医院时,藤丸先生一直等着我。因为拖车的绳子不够结实,所以藤丸先生就让昨晚开车的那个人去叫人来(中国人),他们一路把车推到了医院。我回到家时已经很晚了。

▶ 1月15日

狄尔耐去开会准备拟定一份呼吁书递给当局,要求继续开放难民营。我去蕙兰取粮食和油,这些是齐生为我收集的。这些物资对我的车子来说是不小的负担，还好我让铜匠给我做了个篮筐。两个日本兵把我拦下来，问我是否会看病，并着急忙慌地查看我带的物品，还好我可以把这些物品带回去。然后我带着朱先生和朱太太去了他们位于太庙巷的住处，帮助他们抢救尽可能多的东西。他们的东西和其他地方的一样都是乱七八糟，好点的被褥、衣服都不见了。我们只拿回来了一点儿东西。

午饭后我和魏礼士先生、藤丸先生一起去费佩德先生家里检查，发现后面的大门和内门都敞开着。后来我们商定明天再一起过来，收拾房子里剩下的东西。我 5 点之前回到家，准备过个安安静静的夜晚。

但还不到 7 点，大门外就传来了敲门声。敲门声音很大而且一直不停，我们不得不出门去看。有人朝门上扔块大石头，然后又爬到花园旁边的围墙上。我和狄尔耐试着和他们讲理，让他们明白这是美国人的住宅区。但是他们向我们示意打开大门。之后有个家伙站在墙头上开始朝下扔瓦片，还有一个家伙从墙外往里扔石头。我们决定出去找警察。狄尔耐留在家里，我骑车两英里赶到警察局，他们派了两个人开车过来，我们赶回去时掳掠者们已经离开了。警察们许诺会进行调查，我们的生活也太忙碌了！

▶ 1 月 16 日

今天早上，我们着手处理费佩德家的问题。这并不是让人心情愉快的星期天应该干的工作。地板上散落着毛巾、枕头、衣服、帽子、书本和抽屉。中午时我们已经把所有东西都打包完毕，看来带走它们是最明智的做法。我们安排了一辆救护车把一车东西送到了沙近德家里，之后回到家里，吃午饭时已经 3 点钟了。休息了一会儿，我又骑车赶往凤山门去找警察局分局的地点，如果有需要的话那里可能会近一点。我在红卍字会的难民营稍作停留，与那里的负责人进行了有趣的交谈，他们是几个上了年纪的中国绅士。我们决定作出如下声明：所有男性和 50 岁以上的妇女可以回家了，其余人 5 天后回家。

平时在家里，我每晚都在难民中巡视，今天晚上我要告诉他们这个消息。孙先生，那个从墙上摔下来的人，在整个晚餐期间都和我们坐在一起，这真让人非常疲惫。他想在这里待的时间再长一点儿。在某种程度上，他似乎觉得自己应该受到特殊对待。

▶ 1 月 17 日

昨晚医院收听到上海的广播（他们那里有电），得知救济协会已经拨款 1.4 万元用于杭州的工作。这是葛烈腾呼吁的结果。真是好消息！我在医院找了个泥瓦匠帮我封住费佩德先生家的后门。因为没有砖头，我决定拆掉仆人房的一堵隔墙，下午又找来更多的人，到 3 点钟的时候终于把它堵上还涂上了灰泥。然后我赶紧回到家里，因为范和狄尔耐都不在，这是我们第一次同时都不在家里。形势还是有所好转。

我们现在正试着关闭难民营。开始的想法是再开放三至五天。今天难民营已经开放了 25 天。像弘道女中和蕙兰中学这样的难民营，他们那里仅有能铺开一床被子的地方，一个母亲通常会带两三个孩子，他们几个人就合盖一床被子，然后坐在那里等着人们递给他们一碗饭，就这样吃起来，一天一顿或两顿饭。一天，弘道有500位难民回家了，到了第二天有100多人又回来寻求保护，因为不断有日本兵闯进他们家里。警察们在制订一个计划，目的是让中国人需要时可以打电话求助。我们希望能尽快做些什么。左太太和她的孩子现在还睡在我们的起居室里。除了她的被子还有一箱我们给她准备的东西，她已经失去了所有的财物。狄尔耐曾和她一起回去，看看她藏的42元钱还在不在，钱已经没有了。她是一位中国军官的妻子。这些人会面临什么样的境遇呢？

昨天，一位来自日本领事馆的代表从上海乘飞机来到杭州，调查一些他们听闻在这里发生的事情。他们来参观了我们的营地但是我没有见到他们。他们和富裕生先生一起过来的时候，狄尔耐在这里。他们说了三点内容：一、这里是杭州，我们处于战争的前线。二、他们在和中国打仗，所以不会为中国人着想。三、他们对保护外国人还是很感兴趣的。我们怀疑这次访问是否意味着情况好转的开始。

▶ 1月18日

这周有几天很难回想起来，只有当说起某些事时才能想到日期。我们没有像前几天一样被逼得那么紧。有一些人离开了难民营，返回的人也没有那么多了。然而我有三起恶性事件需要汇报。事实上有很多妇女被强暴，男人被杀害，以至于当人们听到日本兵砸门的声音就会浑身颤抖。

我和范在教堂简短交流了一下，他刚和同伴们举行了告别仪式，有些人还出来感谢我所做的一切。这些天我们听到了很多感激的话语。

今天没有听到开火的声音。昨天从一大早到深夜都有持续不断的重炮和机枪开火的声音，比之前听到的枪炮声都要近。我们没有想到他们会到城里来，看上去是在大学那边，在更西边的山里，三天竺的方向——也可能是一支机动部队发动了袭击。

▶ 1月19日

前一天晚上是一个雨夜，早餐时天气阴沉，让人没法阅读。蕙兰中学已经有电了，所以我们借了他们两盏灯，晚上用处还是很大的，蜡烛就快要用完了。

我和阿冯的小女儿招娣一起回她家，去看看阿康昨晚过得怎么样，这是他第一次出来，发现一切都很安静。

狄尔耐在委员会上得知难民营会在21日关闭。所有的难民营都应汇报有哪些难民的房屋被烧毁，或者成了临时军营，或者家不在城里。有些难民营还会为这些人继续开放。所有暴力事件都需上报，但除非个人愿意作证，否则他们的报告将不会被受理。

我和阿冯带着左太太（我们的起居室病人）去红卍字会看望一个朋友。我们发现她的那位朋友是红卍字会一位负责人的妻子。左太太离开我们这的话，朋友会热情欢迎她到自己家去。在动身前往红卍字会之前，我还在犹豫要不要陪着他们同去，当走到黑桥时，看到4个日本兵闲散地站在那里，我不禁庆幸自己的决定。

我在巡视中发现人们慢慢离开这里，但是有太多的人又重新回来。我去蕙兰取齐生给我带来的供给，然后冒雨骑车回家。之后又去了安尔吉的储藏室里找了些补给品，但是那里也没有多少。

昨晚主教从收音机里听到，他的信已经由布朗先生送到上海。那里的朋友正在设法通过日本领事馆运送供给。

大概 5 点钟电流也输送到这里了，我们有电了！老电厂已经修复，而新电厂，你应该会记得，是在 12 月 23 日被炸毁的。

▶ 1月21日

今天是母亲的生日。我给她写了一封信，然后在狄尔耐出去后又做了些难民营必要的工作。一个带着只有几天大的婴儿的年轻女人想要进来。朱太太认出了她，她住得离这里很近，就住在叶家那边。当然，我们为她找了个地方。

费佩德的厨师今天遭到抢劫和殴打——他们甚至连他的袜子都抢走了。我们将此事报告给警察，天皇的士兵还是继续为所欲为。大街上也依然一片荒凉。

▶ 1月22日

在巡视的时候，我看到了明思德，他刚从大学回来。他说自从昨天早上 9 点，大学一带就没有炮火了。但是前一天炮火还是很激烈的。差不多所有的房屋都起火倒塌了。很多平民被击中，他们都被错认为是便衣的中国士兵。江湾以上的整个半岛，富阳公路以东，都被彻底摧毁。明思德和苏达立正在设法取得许可,把伤员从那里接过来。

弘道女中的难民人数现在已经降到了1000人,那里的米还够吃4天。

我们组织这个难民营的时候,希望能够收容1000人,维持4到5天。但是难民数一度达到了2300人,而难民营的开放已经进入第30天。你可以想象这里的人是多么拥挤,但是人们还是选择留在这里,不愿回家。我们开始理解了"难民之城"这个词的含义。

我去了红卍字会,发现那里还剩下600多个难民。一个妇女离开了我们难民中心,又有一个妇女带着她的小女儿进来,她在家里潮湿的地板下面,居然藏了一天多,生活就是这样。士兵们利用小假山爬到墙上往里面窥探,我每隔一段时间就在前面的人行道上踱步,部分原因就是让他们知道我在这里。他们通常在狄尔耐或者我离开的时候过来。这样做还可以让孩子们更安静一些,也可以让妇女们远离他们的视线。就这样,大门口一直有几个男人守护着,沉重的石板挡住所有的大门,狄尔耐或者我总是在营地里,以防日本兵砸门,又有一个妇女想要进来避难等等。在旭日旗下,我们在这里过着"安静又平和"的生活!!

我们在筹备一个计划,试着让中国警察帮助日军在大街小巷巡逻。

▶ 1月23日

我召集了一个打扫卫生的队伍,把花园前面和沿墙一带都清理了一下。我们整修了一些石头，让妇女们洗衣服时可以跪在上面。这里的人们都很好，我们很容易就把东西收拾好了。对日本兵的恐惧让人们更加体贴周到，并且积极回应我们的一言一语。又有几个妇女进来了，这几天每天都是这样。她们曾经从另一个难民营回家，而后又来到这里。她们藏在屋顶上或者其他任何可以容身的地方。如果家里房子很大，藏身或许不难，但是小房子里只有两三个房间，当可怕的砸门声响起时，人们根本无处藏身。你可以想象，每到夜晚，人们的恐惧便如影随形。一位年过七旬的老妇因为拒绝透露家人的藏身之处而被日本兵殴打，所以她也来了这里。

我们有很多医院的案例。一个男人在山区那边一起向平民开火的事件中被射伤，而后就一直在天竺和灵隐一带的山里劳作。一个小男孩死了，我和付大嫂曾经在孟杰医生的指导下，在储藏室上面的小房间里给他治疗。

所有的中国人都需要登记注册。13万人已经登记，不到城里平常人口的20%。其中有2.5万人曾在难民营待过。难怪在街上几乎看不到人！

仅存锡安城，好像葡萄园的草棚，你们的祖国孤寂荒凉，你们的城市被烈焰焚烧。陌生人在你们面前侵吞着你们土地。(《以赛亚书》1：7：8)

▶ 1月24日

在红十字会的会议上，我们决定将4个难民营再维持一段时间，包括蕙兰、基督教青年会、弘道和耶稣堂，这是我们能做的最好的事情。有命令规定那些有家的妇女必须回去，除非日本兵将那里用作营房。人们不得不在一段时间内生活在不安定之中。如果她们群居于此的话，生命可能还会得到保障。形势很不乐观。我们营地里无法回家的妇女和女孩会被送到基督教青年会。昨晚我们登记了一下，一共有322名妇女和116个女孩已经回家。新的（骚扰）事件不断上报，让我们团队对冒险出去很是战战兢兢。

今天的电力很差，无法收听收音机。但是好消息是你给我的信已经通过日本领事馆寄来了。里面还附有袖珍日记和日历。这是从12月20日以来收到的第一封信，得知你和孩子们都很好，这真是个好消息。

▶ 1月25日

昨晚我从自行车的前轮胎上取下一个滚刀钉，所以今早我把它推到自行车店让永笃（Yong Du，音译）去修一下。他想把车子留在那里修理，但观察了周围发现有日本兵，就还是把车子推到医院去修理。老自行车在这两个月真是帮了大忙，而且它表现很出色。这辆车子已经有20年的历史了，自从（我老家的）高地公园教堂把它给我们，这么多年来我一直在用。

▶ 1月26日

今天早上有些女孩子哭了，她们想在这里多待一些日子。我们安慰她们说我们不会把她们推向狼群，在送走她们之前一定会把事情安排妥当。

我去湖边去和两位客人共进午餐。一位是小田原（Odawara），另一位是林先生（Hayashi），他们是大阪朝日的报社记者。小田原先生很好心地为我带来几封航空信，托"神风"的福！他们自己有车，所以我和他们一起坐车回来并负责指路。他们礼貌和善，英语讲得很好。小田原先生来自下关，林先生则是从东京来的。我们谈得很愉快，狄尔耐后来送他们离开。

我在营地巡视并和一些妇女交谈。她们很害怕回家以后的光景，不知道会不会一直要像老鼠一样东躲西藏。男人们这些天来不断地说："日本人对待女人和对待男人不一样。"日本兵不停地砸门让妇女们吓破了胆。

我要和富裕生先生一起去南星桥看看他家现在情况如何。一个士兵示意江对岸会有子弹打过来，并把我们领到轮渡靠岸的地方。我们在那里停下来，听到高空中有飞机呼啸而过的声音，而后更多开火的声音传来，同时看到空中有一股股的烟雾。有两架飞机，一架在山区上方朝西湖飞去，另一架沿江飞向西兴。天上又出现四五股浓烟，但是飞机飞得太高，一会儿就消失在视野里。我们决定回家，不去看南星桥的房子了。

▶ 1月27日

今早空中有日本飞机。就像昨天那样，看着让人心惊胆战。

今天我们护送一些妇女去基督教青年会的难民营。阿四的儿子和我一起先到桥那边看看情况如何，那里看上去还比较平静。范先生和他们一起过去，他还要从教堂接自己的家人回家。我们在大门口为离开的人们举行了相当规模的送别仪式，太多人已经很久不敢走出大门。有100名妇女离开了。

▶ 1月28日

孟杰医生拿到了去上海的通行证，准备今早坐自己的车前往。他的车轮胎不太好，所以当今早魏礼士先生告诉我，孟杰开的是费佩德先生的车，我就放心了——他的车四个轮子均完好，而且还有一只备胎。我们希望孟杰能顺利到达上海。有些道路根本无法通行。

狄尔耐搜集了一些贴在外面的海报，下面就是这些海报的译文：

蒋介石政权的抗日努力已经彻底失败。它毫无意义地掠夺民生，耗尽了人们的资产。南京的官员和军队领导人须对此负责。在战区，人们被自己的军队抢劫，甚至食物都被抢走。这种灾难是南京官员试图反抗日本导致的。由此大家可以看出南京政府是恶劣的，告诉你的子孙，不要反抗日本。

另一张图片上，一个全身戎装的日本兵站在上插旗帜的壁垒下，下方是一片农田，一对夫妇在田里收割谷物，海报上这样写道：

在青天红日下，我们可以保证人们安居乐业。

这些海报问世的时候，正是掳掠、强暴和杀害等各种恶性事件最为猖獗的时候，正是人们因为恐惧而四处奔逃无计营生的时候。

另一张海报：

日本军队会尽职友善地保护良民安居乐业。而对那些存有反日情绪的群体以及心怀恶意的极端追随者，将会施以严厉惩罚，决不宽大。如果在城市任何区域发现此类恶意人群，须立即报告日本当局，以免玉石俱焚。

——日本指挥处

通　告

现向公众发布书面文件如下：

自从日本军队开始军事远征以来，已经打响了100次战斗，并取得了100次胜利。他们像砍竹林一般，清除了各地的抗日势力。随着军队的推进，他们已经在战后恢复了和平，维持了秩序。

日本军队作战的目的是为了清除反日政府军，不是针对百姓。日本军队不仅不会与那些不属于反日政府军的百姓作战，反而会保护他们的日常事务。人们应该安静地回到自己的家园，供奉祖先，重新建立起家庭神祇。要信任日本军队，安居乐业。

如果有任何反日示威或者事态威胁到日本军队，我们将根据最严格的军事法律严厉惩罚负责人。此类事件，决不姑息。

特发此通告，希各周知。

——日本司令部

▶ 1月29日

明思德今早又过来了，但是他们希望如果没有必要的事就不要常来这里了。因为江对岸的中国军队只要看见有车辆从大学沿江行驶就会开火，直到他们到达铁路桥一带。

自从桥被炸毁的那一天，我就没有见过它了，我知道有四跨的桥面都被炸毁。

大学那边有很多进口的纯种奶牛，有些被杀掉了，有些因为没人喂养也饿得奄奄一息。明思德接管了一些奶牛，正在寻找喂养它们的饲料。

▶ 1月31日

这是我在杭州度过的最安静的中国新年。狄尔耐和冈田（Okada）上校有个会面，我们听说是关于难民营的事。我去基督教青年会、弘道和蕙兰为他收集信息。我发现基督教青年会有552名难民，弘道有954名[1]，蕙兰还有超过2000名难民。而且离开的人很少，有更多人进来。在弘道有超过一半的人从外面带来了粮食。

葛烈腾拿到了通行证前去上海，这对他来说是好事。

我赶回家想早点吃晚饭，没想到在路上被几个男人拦下来，他们想把自己的妻子送到难民营，另外还有几个妇女请求把她们也收下。我们把这些人集中在一起，又写了一张纸条让他们到基督教青

---

[1] 最后一位数字原文不清楚。

年会去,他们安然无恙地抵达了那里。

今天晚上藤丸先生以及他的朋友片庭(Kataniwa)和我们一起吃晚餐。晚餐吃得很不错,是能寻到的最好的美食。之后我们又在炉火旁交谈。他们8点钟离开,因为需要在蒙蒙细雨的黑夜里走很长一段路回去,我叫两个守夜的人提着灯把他们送到了御街。当时没有电,晚上要想在这种小巷找到路是不可能的。

狄尔耐和我听了晚间邮报的广播。当我们听说今天有一个外国人从杭州到了上海,他报告说难民数量在减少,但是商店还没有开张时,我们相信葛烈腾已经按时到达。

▶ 1938年2月1日

我们去了天水桥,看看能不能找到去年夏天留在那里的裴来仪夫人的打字机和伍立夫的收音机,但是两样都没有找到。带我们去的余小姐确信它们没有被抢走,因为那里的日本兵没有带走大件的东西。可能是有人为了安全起见把它们收起来了。我们很高兴看到华葆仁的狗和简女士都在那里,他们看上去很好。

郝卫铿(Hao Wei Ken,音译)先生拿到了警方的通可证,明天他会去闲林埠(一个去往富阳中途的地方)把他的父亲和家人接回来。他们一直藏在那边的山洞里。苏达立医生会跟着医院的救护车同去。

▶ 2月2日

我在巡视中与冯先生和马先生交谈了一下,又从赵克文那里收

"The purpose of the J. Army in fighting is to eliminate anti-J. gov. troops. The J. army is not fighting against the people. The J. army will not only not fight against those who are not in the anti-J. army, but they will protect them and their daily livelihood and business. The people should quietly go back to their homes, honor their ancestors and set up again their household gods. Put your trust in the J. army, go happily about your business and stay peacefully in your own homes.

"If any anti-J. demonstrations or developments dangerous to the J. army occur those responsible will be severely punished according to strictest military law. In such cases there will be no leniency.
"This special announcement is issued so that all will be informed."
"From the J. Military Headquarters."

January 29.   Mao came in again this morning but they do not like to come more often than necessary because Chinese troops across the river fire on every car they see along the road by the river from the college until they reach the railway bridge.

I have not seen the bridge since it was blown up but I understand that four spans are down.

There were some fine blooded cows, imported, just beyond the college. Some have been killed, others have been without feed and are near to dying. Mao has taken them over and is now looking for feed for them.

January 31.   The quietest China New Year day I have experienced in Hangchow. Gene had an engagement to see Col. Okada and as we heard he wanted to see him about refuge centers. I went out this morning to get information for him from the Y, the Ong Dao and Wayland. I found the Y had 552, Ong Dao 954, and Wayland over 2000; that very few were leaving, more were coming in. At Ong Dao more than half had their food brought in from outside.

Ed got his pass and left for Shanghai. It is a fine thing for him.

I hurried home to an early dinner but was stopped by some men who asked me to take in their wives also by several women who begged for shelter. We sent the group together with a note to the Y and they reached there without any trouble.

Mr. Fujimaru and his friend Mr. Kataniwa had supper with us this evening. We had a nice dinner, the best we could muster, and a pleasant visit afterward by the grate fire. They left about 8:00 for the long walk back in the drizzly, dark night. I called the two men who were on watch for the evening to come with their lantern and light them over to the Great Street - for without electric lights it is impossible to find your way on back streets tonight.

Gene and I listened to the Eve. Post broadcast and when we heard that a foreigner had arrived in Shanghai from Hangchow today who reported that refugees were on the decrease and shops had not yet opened we were confident that Ed. had gotten through in good time.

February 1, 1938.   We went to Tien Swe Gyao to see if we could find Mrs. Blain's typewriter and Oliver's radio which had been left there last summer but neither could be found. Miss Yu who showed us around was sure they had not been looted as the soldiers there had not taken large things. Probably someone on the place had put them away for safe keeping. We were glad to see that both Charlie's dog and Lady Jane werethere and looking fine.

Mr. Hao Wei Ken has a permit from the police to go to Yien Ling Bu, (halfway to Fu Yang) tomorrow to bring in his father (Dr. Bao) and family, who have been hiding in a cave there. Dr. Sturton will go with him, taking the hospital ambulance.

February 2.   I made my rounds and talked with Mr. Vong and Mr. Ma and got the Ong Dao report from Dzao Keh Ven. Then to the hospital to buy some brown sugar - we buy it at the dispensary these days, like medicine.

■ 万克礼日记档案原件

到弘道的报告。之后去医院买了糖——这些天我们都在配药室买，糖好像药一样。

今天范先生搬走了他剩下的东西，和他的家人住在一起的妇女们都走了，我把她们送到了桥上。街上很安静，我希望她们不会有麻烦。

狄尔耐明天动身前往上海，所以我得把我们需要的东西写一张单子。我每天都在写这封像日记一样的信，很单调。我担心，在形势紧张的时候，会发生一些对我来说不太寻常的事情。

杭州

1938 年 2 月 10 日

书信、报道

明思德等

恐 慌

明思德

（美南长老会第 18 号公告）

他们让李培恩校长和我去安徽屯溪看看那里的房子是否还安全。殷太素（Yin）、陈秋农和我们一起于周一早上 5 点出发，到达屯溪是在当天下午晚些时候。到达后我们立即与当地两位政府学校的校长取得联系。一位是徽州师范学校校长，另一位是搬到这里的南京安徽公学。这两位校长都是屯溪人，也在做难民庇护工作，他们对我们的到来很感兴趣，这样很多当地不能上学的学生就可以学习了，目前，在我们的……

把事情理出头绪需要很长时间，还需要思考和耐心。我们把殷和陈留在那里归置房子。从杭州到达屯溪后，我们听到了不好的传言，星期三天刚亮就离开了屯溪。我们害怕当地会因为谣言而出现人们大批出逃的现象。我们什么也没有准备。星期一上午，授课没有被警报打断，但下午城里来的一位日本军事指挥官，宣布所有人必须在 5 小时之内离开，否则即被逮捕。范定九主任召开了教职工会议，宣布决定离开。他们招贴告示通知所有人收拾行囊，在 7 点钟之前离开。紧接着爆发了大骚乱，那是我所见到最无序、最混乱的场面。每个人都自顾不暇，毫无组织可言。想找到船只离开非常困难，而那些已经登船的人，对于运气不好的人，也并无慷慨之心。

当夜 10 点钟，范主任带着 20 个男孩步行前往 60 里外的富阳。其他人设法坐船去到河流上游，但并没有明确的目的地。我们回到杭州，发现情况也是一团糟，除了十几个苦力和几个员工，所有人都走了。我们找了两条船，上面装了 300 张床、黑板、课桌、档案等等，准备周四晚上出发。李培恩和何惟聪（Ho Vi-Tsong）坐车在周四中午动身，为了能在严州（今建德）赶上他们。汽车随后又带回了化学系的王喜（Wang His）、廖（Liao）和宋（Song），还有范主任打包的仪器、书籍和其他所需物品。当那两条船到达这里的时候，一切都准备好了。现在我们这里，无论出什么价钱都雇不到船了。日本兵已经把所有东西都拿走了，极少数有船的人也不敢冒生命危险。返回的船上有两个苦力可以帮我们把东西运下来，希望船上的旗帜和建德保安队的信函可以让他们今晚平安通过，并在明天抵达。

我没有时间详述杭州发生的可怕恐慌。我们看到人们在雨中徒步到了浙江和安徽的交界处，那里距离杭州有 100 英里。杭州的人力车也翻山越岭地拉到安徽来。据说日本人进入苏州时，城内只有 500 人。我认为杭州城内只有不到之前 10% 的人口，而且人们还在不断地逃离。我会和不到 10 个苦力一起留在这里，翟博士（翟培庆）也会和我在一起。其他所有"惜命者"都走了。我们的厨师和他妻子还在这里，只要我一离开房子他们就吓得要死。报道说日本人会杀光所有留下的中国人，这条消息把所有人都吓坏了。

外国人今晚再一次从莫干山撤离到上海，美国团体中只有华葆仁、万克礼、狄尔耐、孟杰医生和我本人留了下来。

我打算自己在这里支撑下来，不参与任何可能有麻烦的事。在战斗开始的时候我的 10 个苦力很有可能会逃跑。我希望留在校园里，等他们来的时候可以迎接他们。如果战事进一步发展，我会找个安全的地方藏起来等战争结束。我的供给足以维持一段时间，一切似乎还好。

杭州之江大学情况

罗天利

▶ 1938 年 1 月 18 日

  我很高兴地再次向你保证,我身体健康,精神也不错(有时需要"虚张声势")。我和孟杰医生和一些员工以及用人一起住在山上,这里也是前线,每天情况都差不多。从我们的位置看,中日双方都在视野范围之内——日军占领了江的这一边,而中国军队则在江对岸最狭窄的地方。大学门前就是双方开火的地方,事实上几乎没有一天不交火,有些日子甚至相当激烈。通过合理的躲避,我们能够避免危险。但因为几乎每天我们都要到城里去,大学校车就会偶尔暴露在另一方的炮火之中,其余则无路可走,而且车上的美国国旗在这个距离可能无法分辨。这几天,我和殷(太素)先生、几个用人在当地日本分队派来的卫兵的监督下，忙于收集和埋葬不幸遇难的平民尸体，他们都是在公路沿线、我们所在的村庄里发现的。昨天我们不得不逃离，因为那边形势实在太严峻了。这样的情况已经持续近一个月了，究竟需要多久能够改变，我们也不得而知。昨天，自新年以来最大的战争行动开始了，这里也未能幸免。真正的战斗发生在河床一带——转塘，还有那边山里。战斗从凌晨一直持续到傍晚，机枪、重机枪和步枪开火的声音交织在一起。好几个村庄都陷于火海之中，持续三个多小时，火焰升腾，其余时间整个乡间都笼罩在浓烟中。我们始终都没有意识到中国军队的距离如此之近，仅仅 5 英里。

▶ 1938 年 1 月 22 日

今天我又进了城，这是两周多来的第一次。很明显，城里的秩序还是有了很大不同。但是我没有发现任何商铺开张营业。我去看望了葛烈腾，他已经卧床休息几天了，不过身体情况正在好转。我还见到了狄尔耐和富裕生，没有看到万克礼、苏达立和高德斯，他们都出去了。让红十字会的难民重新回到自己家里是一件很棘手的问题。因为有些人的家被烧毁，有些人的家被日本人占领，还有就是他们都非常害怕受到日军骚扰。直到这些人确定自己的安全能有保证，还能得到食物，我们才会让他们离开难民营。获悉上海正在为红十字会的工作提供资金，我们非常高兴。

一座中国城市是如何处理难民问题的

费佩德

有些人抱怨说中国人自己做得不够，为什么要恳求外界的帮助。为了能以我个人的经历回答这个问题，请允许我描述我在杭州这一个月的情形。杭州，是我有幸居住了三十多年的城市。

10 月 23 日下午，正当我乘"新北京"号离开上海前往宁波时，有电话通知我担任中华全国基督教协进会战时救济工作的宣传秘书。留给我作决定的时间只有 5 分钟，这时，一种强大的信念感涌上心头，如果我不去曾经工作过的地方，不去探访中国老朋友，不去和他们一同感受城市即将被燃烧弹摧毁的悲伤和恐惧，那么我就愧对彼此多年的情谊和忠诚。此外还有一种想法，就是这种经历带来的强烈感受会让我未来更好地适应新接手的这份临时的工作。

接下来过了一个月，正好是 11 月 23 日，我离开杭州，上海西部已经陷落,黄浦江南岸即将陷落,日本军队正沿铁路向松江、嘉善、嘉兴往南推进,这些城市已经覆盖了从上海到杭州一半的距离,它们均遭受到燃烧弹的猛烈袭击。日军还在靠近杭州湾的乍浦登陆,人们每天都能感觉到他们对这座城市的全面进攻。杭州和闸口的火车站遭到了轰炸。闸口火车站车间被摧毁。最终,杭州乃至全省人民的骄傲,新的钱塘江大桥,也被安装上炸药炸毁,切断了日军进入杭州的可能通道。

中国人爱他们的城市正像瑞士人爱瑞士。杭州城不仅仅是家园,也是在市长周象贤的不懈努力下不断发展的城市。它有独特的人文景观和机构,这些地方在物质生活更加丰富的上海是找不到的。此次我决意研究杭州的战时状况,了解中国人发挥主动性为自己做的工作。我发现难民救济工作是在中央政府救济委员会的指导下开展的。杭州城设有省级机构,对浙江各区域的多个地方分支机构认真指导和审计。它的总部设在钱王祠(钱王是杭州城的创始人),在得力的秘书长的管理下,有一支庞大的行政人员队伍。

杭州战时的救济工作分工细致。有接待机构专门在不定时的火车到达之际,负责运送受伤者,还为家在更远处西南部乡村的难民提供交通工具,利用火车、汽车或轮船免费运送,并且出钱为他们购买旅途的食物。那些在乡下没有亲戚的人被送至城内,受伤的难民被送到西湖南岸汪庄附近的地方。很多妇女儿童被送至基督教青年会,那里健身房的地板上能睡下几百人。在昭庆寺,我看到了上百名的男性难民,在他们当中有木匠、泥瓦匠、粉刷匠、铁匠等,一共从事着27个技术行业。这些人每天都有机会挣些合理的收入,再把他们挣到的钱存入当地的银行。还有一些没有技术的工人,会有人教给他们各种各样的手工劳动技能，一开始就是适合战时状态的简单职业技能，比如做草鞋、棉背心、棉垫、毛巾，还有填充用的厚草席，也教做衣服。11亩土地与寺庙相连，难民们就在那里种菜。与此处相隔不远还有另一家寺院，完全由僧侣管理，他们送来了担架，也做着各种难民救济的工作。这些地方在下午就会用来作为教室给孩子们上课。在我这次到杭州的时候，杭州一共有6处难民机构，1.5万名难民在难民营中受到收留和照料。这些难民机构都由政府救济委员会领导，获得政府和公众的资助，并且达到政府的要求。截至11月8日，省政府已经为救济工作提供了3万元及3万担大米。当地也已经筹集到2.3万元以及8709套服装。而在所有的难民救济机构中，都有数量充足的义工。

军队领导的是一些医院的救济工作，其中的5所医院我都参观过。那时浙江有2万名伤兵，江西有3万名。杭州有1万名伤兵，占全省总数的一半。在灵隐寺，有2000名伤兵受到照料，他们期望能有医疗用品和手术室。尽管如此，说到手术，我看到一个16岁左右的小伙子手拿一把普通的镊子，插进一名正在呻吟的士兵的伤腿中，要把里面的子弹取出来。他最终取出了子弹还拿给我看，这是一例因坏疽死亡的典型病例。在灵隐寺外，即使是可以固定在支柱上的廉价床板，也非常缺乏，很多受伤的士兵就睡在铺了薄垫子的泥地上。

我参观的最好的一家机构是没有红十字标志的红十字会医院。我的询问引出了下面的答复，红十字标志会招致飞机轰炸。这个问题很难解决，因为日本人借口说红十字标志经常会被中国人在很多场所冒用，这就是它们会被轰炸的原因了。在这家红十字会医院，每个部门有60名伤兵，配有1名医生、1个护士长、6个副护士，还有2名负责包扎的护士。在所有上述为伤兵和难民服务的工作中，数以百计的义工付出了努力，有些人没有任何报酬，还有人仅有食物和住宿。

杭州之行的最后两周，我忙于将中国和外国难民送到安全的地方，主要是莫干山。谁能预料到浙江的中国银行会在11月20日被关闭，莫干山分行取不出钱来，现金支票也无法邮寄。之前所有的工作都白做了。感谢省长和市长的善意，他们从广济医院派了一辆汽车、一辆卡车还有两辆救护车，把20名外国难民从莫干山送到了杭州城站。在那里有一趟专列把这些外国难民和其他来自杭州及绍兴的难民送到曹娥江。午夜时分，这队难民和100多件行李，就渡江到了对岸乘火车前往宁波。因为对镇海的轰炸刚刚开始，他们还可以乘坐轮船"德平"号（Tembien）去往上海。通常只需要4个半小时的旅程，现在需要5天！

在两周来不断乘车奔波的过程中，我看到了成千上万的难民，他们中的很多人带着所有的家当，通常是放在扁担两端由父亲、儿子或者丧偶的母亲挑在肩头。很多人的食物只够吃几天，之后可能就会被冻死或者饿死在路上。杭州成了一座死城。

大概有40万人离开了杭州城，剩下的少数人每天都面临着死亡的威胁。商店关门，食物很难获取。最后恐慌来临，难民营和伤兵医院关闭。军方将1000名重伤员移交广济医院。在拥有超过50万人的偌大城市，所有的医务人员——医生、护士、服务人员，坚定地留下来的外国人和中国人都是那所医院的员工。在一个人口稠密、极易被炸毁的地区，医院又是更容易燃烧的所在，但所有人都希望即使轰炸来临也要留在伤员身边，除非大火或爆炸把他们赶走。还有比这更伟大的爱吗？

还有一个使团在人员清空前就管理着大学的资产。对他们来说，前景很不乐观，因为据报道，苏州的很多大学建筑都遭到了轰炸。中国内地会使团也派出负责人，尽其所能提供帮助。另外两个使团也在利用他们的场所，在紧急情况发生时用作难民营。在一个每天面临轰炸的城市里，还有很多工人坚守在他们的岗位上。他们不需要任何政府官员代表来提醒，留在这里有多大的风险。

不久，我们可能会听到南京陷落的消息。如果这样的话，这些大面积的受难地区，再加上随着近期战乱加剧而受难的地区，总面积将会数倍于从前。传教士们将会回到他们的岗位，面前的任务也将前所未有地重大，况且他们没有政府机构和基金的帮助。很多工业中心的产业已基本遭到破坏，这种影响在各处的失业人群中显露无遗，成千上万的穷人将会忍饥受冻。我所描述的场景是中国所有战区的情况。中国人民是愿意提供帮助的，但是需求已经远远超过了他们拥有的资源。在接下来的几个月里，也许是明年春末或夏初，他们对于对外援助的需求必将是空前的，尤其是来自西方基督教会的帮助。

杭州被占领目击纪实（一）

葛烈腾

▶ 救助莫干山上的妇女

我刚一到，就立即和居住在莫干山上的妇女取得联系。坐着一辆破旧的车从那里往返两趟，我们才带回来其中一位，并把她护送到宁波。形势发展得非常迅速，在17日，莫干山附近的中国军队被迫撤退，通往杭州的道路被封锁。两天后，邬福安（Frank Ufford）和我都收到了山上传来的字条，上面写着"来接我"。然后我们就开始了寻找她们的令人难忘的探险。承蒙我的好朋友——市长的帮助，我才鼓起勇气，这次旅程才能实现。他不仅送了通行证，而且还派了两名警卫，如果没有他们的帮助，我们甚至无法走近这个地方。我们不得不把车留在后面，步行了好几英里。穿过中国军队前线的步兵射击掩体，敌人的炮火不断在前面轰鸣，在等待轿子和行李运下山的时候，我们度过了好几个小时的难捱时光。我们离开他们9小时后回到了汽车所在的地方，但他们不在那里，所以我们只能疲惫不堪地跋涉回来，穿过延伸的前线，战壕里的士兵非常警觉。之后我们爬过数十棵倒在路上的树，又从树中间匍匐前行，越过一道道横跨公路的壕沟，我们终于来到武康大桥，熊熊燃烧的大桥。很幸运，我们找到了一个当地人带我们到一处地方，那里的河流较浅，凭借竹筏、聚在一起的浮木，还有我们身边站在水中的苦力坚强有力的双手就可以渡过。我们的汽车在河对岸。我想，给我们指路的手永远不会比那晚更加清晰。

▶ 最痛苦不堪的一天

第二天是我记忆中最为痛苦的一天，是一连串痛苦日子的开端。天还没亮，一大群（约200个）吓得失魂落魄的妇女就在用力敲难民营的大门。一整夜她们都被追赶，一户挨着一户，一幢房屋挨着一幢房屋，一个藏身地接着一个藏身地。最终的结果是不言而喻的。男人们因为保护他们的女人而受伤，他们向难民营乞求帮助，但我们的难民营仅能保护妇女和儿童。布朗遇到了一辆卡车，这辆卡车停下来，日本兵抓住两名尖叫的女孩并把她们带走了，她们14到16岁的年纪，正沿着通向难民营的路奔逃。一整天都不断有人从城市的各个地区涌入难民营，他们都讲述着同样的事，杀戮和强暴。我们在蕙兰中学的难民营人数立即增加到3000人以上，比我们计划的多了2000人。人们都睡在水泥地上，100人一间教室，有

■ 用于收容难民的蕙兰中学健身房

486 人睡在健身房的地板上。每个人平均 10 平方英尺,坐都坐不下,更不要说躺着。但他们并不介意,只要让他们进来,坐在红十字会的旗帜下,就是他们全部所求。我们告诉他们粮食只够两天,即使这样他们也不介意。其他难民营和我们情况类似,难民总数激增到 2.5 万人。

▶ 开办难民营

我的工作,以及所有那里传教士的工作,主要有三个不同类别。开办难民营是主要的任务,但是幸好我还有中国内地会的富裕生先生、布朗先生,以及我们蕙兰中学出纳的大力帮助,出纳是我们学校在大撤离之后留下的唯一一名职工,难民中还有很多我们的邻居。

■ 两个无家可归的孩子，像他们这样的有成千上万

首要问题是我们仅可以持续为 1000 名难民提供四天的食物，而现在有 3000 人，食物明显不足。甚至以后人会更多。

  我们一度只剩下一天的食物。这时，听说一个中国朋友那里藏有 400 蒲式耳的大米，我们就去取来，写了一张收据，拿走大米又把钱存起来，等主人回来的时候再给他。第一周的时候，难民们一天只吃一餐白饭，有三天白饭中加了盐，还有四天白饭中放有盐煮蔬菜。这种状况持续了一段时间。过了第一周，大部分难民的亲戚都从外面给他们捎来了粮食补给，即使如此，也有 200 多名难民没有任何食物来源，对于他们我们会额外给予食物。卫生也是个严峻的问题。我们之前就建立了一个日常的诊所，在最初五天里每天平均有 83 例病患。婴儿的出生也成为普遍现象，直到形势安全一些以后，我们把她们带到城市另一边的医院去分娩。婴儿们会出生在难民营的任何地方,有一个婴儿就出生在体育场,旁边有 400 个围观者。还有些婴儿生下来就夭折了,被埋在防空洞里,本来我们希望不会用到这些防空洞的。我们的用水也陷入短缺,每天都要去外面挑 200 担水。每担水都需要一个外国人或一个宪兵护送(宪兵是过了第一周之后才到的)。煤,必须通过任何可以找到的、迂回的后门或邻居的房子才能偷运进来。被褥也只能提供给那些在进难民营之前就已经被抢劫得一无所有的人。整个难民营成夜都需要人巡逻,才能阻止那些每天甚至一天多次闯入、索要妇女的日本兵,很多时候需要我们外国人当中的一个起床把日本兵赶走。病情严重的人或者产妇必须穿过大街被护送到医院去。有一天,我在两小时内从难民营到医院护送她们多达 8 次。有一些产科的病例,早产、感染、伤寒、肺结核等时有发生,幸运的是没有致命性传染病暴发。我们随时都会被叫去修补被想闯入的日本兵砸破的大门,去一次次把那些不速之客送出门去,并带着那些总想视察的好奇的官员们四处转转。

▶ 经验

我认为我们个人没有太大的人身危险。最初的两天情况很糟,时有危险事件发生。虽然一开始我们就被允许在城市内自由行动,而且不会被日军骚扰——至少不会被"过分"骚扰。那些抢劫者如果感到恐惧时,就会表现得很恶劣。当爬到一堵墙上发现下方是外国人的住宅,而他们又被明令禁止入内时,他们就会紧张地匆忙离开。有些日本兵有时候会因为害怕被杀而疑神疑鬼,例如,当布朗

■ 守卫钱塘江南岸的中国士兵

和我从100码外的地方向他走去的时候，一个日本兵举起步枪对着我们；还有一个日本兵在我送他从校园走向大门仅200码的路程中，始终举着自动步枪冲着我，在他看到大门的时候才悄悄把枪滑进枪套里。当我感到我的厨师会有生命危险而出去寻找他时，在夜晚街上4英里的路程中，我不停地受到哨兵的盘问。当中国军队进行空袭时，日本防空部队向他们开炮，那声音听起来非常恐怖。当江对岸的炮兵部队根据弹道找到了日本的高射炮并往下投掷炮弹时，被轰炸处就离我们那里不远，我们也一直在防空洞附近。中国士兵经常便装通过前线进行渗透，我们也非常害怕这种行为会带来报复行动。食物，外国食物全都耗尽了，但是通过"洗劫"外国朋友家中的储藏室,我们又获取了一些,他们的家在城外。在这种环境下我们到底成了什么样的人!中国人是对的,如果你买不到食物,就去抢吧。富裕生先生的自行车被偷了,当时他人就在宪兵司令部里,车子上还有红十字会和难民营的旗帜。钱塘江的上游还有战斗在继续,因为我们可以清楚地听到持续的炮火声,以及机枪的"哒哒"声。我们觉得燃烧的场面与其说危险不如说很壮观。当然一条3英里长、几百码宽的河岸被点燃,就是为了驱逐中国狙击手,也是很可怕的景象。

在从杭州到上海的路上,120英里的路程中我只看到了11个中国人。我们估计,可能有2000万人被这场灾难驱逐出了自己的家园。成千上万的人再也回不去了。

我非常荣幸能用一种微小的方式,为以主的精神进行的这项慈善工作作出贡献,这种精神也是我们将要展示给人们的。愿上帝的精神在所有民族的心中发挥更大的作用。

上海,中国
1938年2月10日

日军杭州暴行记

高德斯

杭州，这座据说马可·波罗曾到访过的"湖滨城市"，是中国的风景胜地，人口约为 80 万。它于 1937 年 12 月 24 日上午 8 点被日军占领，其先头部队为藤井部队。当时杭州几乎是一座不设防的城市。以下是在整个占领期间一直留在杭州的外国人的书信摘要，该信以向国外朋友报告的形式写成。

杭州，1938 年 1 月 27 日

亲爱的：

11 月初，日军似乎未遭到任何抵抗就在杭州湾登陆，这一行动导致上海地区的所有中国军队由于浦南没有防御而被迫开始全面撤退，直到去年 12 月南京被占领后才真正停止撤退。日复一日，我们听到的都是今天这个城市被日军占领、明天那个镇又沦陷了的消息。在所有的人看来，如果日本人想要占领杭州，他们很有可能可以做到。

12月19日，星期日，谣言四起——据无线电台广播，中国军队按预定计划成功撤到钱塘江南岸，并与日军隔江交战。直到有一天，杭州周围所有道路上的所有桥梁都被炸毁，省长和市长以及所有官员都离开了，才真相大白。12月22日下午，钱塘江大桥和最高效的闸口发电厂被炸毁，自来水厂也按照事先通告，进行了拆除或毁坏，警察也于当夜撤走了。12月23日我们醒来的时候，杭州已经是一座毫无防御的荒凉城市了。于是，少数百姓的不光彩行径让他们蒙羞：大量的米店被洗劫，许多学校的家具被抢走。你的周围充斥着人流，一些学校，甚至是设备精良的国立浙江大学，学生的课桌、椅子、凳子，漂亮的实验室桌子，任何木头做的东西，都被人们作为储备燃料趁"机"顺走，没有警察阻止他们。

城里的当地耆宿们已经安排了600名"别动队"——我们的小巷消防队成员，但他们只是旁观，无力阻止抢劫。然后在12月24日，日本人来了！

我们曾经与日方讨论和平占领杭州的计划，除了少数难民抢掠的事情之外，似乎已经成功了。因为当时我们觉得，我们将受有新式装备和有纪律的军队统治，即便是在军事占领状态之下，我们仍以为一切将安好如常。

日本人显然知道已经不存在抵抗的可能性了。因为在12月24日，军队在没有任何军事命令和军事警戒的情况下胡乱涌入。从这一天开始，日军士兵开始三三两两地在城内闲逛，背着步枪，没有侦察，没有准备，什么也没有。这样街道上慢慢汇聚成一小队一小队精神疲惫、漫无目的地到处寻找食物的日本兵！

我们尽快与最先占领杭城的日军联队长取得联系，告诉他我们希望与他合作等等。他命令杭城的父老征集粮食，但是这个命令很难得到执行，因为前一天的抢劫一直持续到第二天早上。在同他谈话的时候，我们听说有两个平民被日本兵枪杀了。一个是因为不懂日语，也看不懂日本兵写的字，转身逃跑时被枪杀；另一个则是因为他看见日本兵就想逃跑——据说这一个日本兵能讲中国话，在讲了"这个人想逃跑"后，就开枪打死了他！

我们希望这些都是偶然的、孤立的事件。那天晚上上床的时候，我们感觉长期的紧张局面已经结束了。我们让中外女看护冒着许多危险继续为救护事业而服务的坚决主张，总算是值得的了。我们现在只须适应日军在杭州的统治，就可以在和平与安全的环境中照常工作了。我回忆起1926年平安夜的情形，那时我们住在某一省份的旧宅里，北伐军占领该地时，我们预料到我们自己、我们的儿女以及一般的基督教徒，势必经历一个痛苦的时期。后来，当得知北伐军的一位指挥官是基督徒时，我们不安的情绪缓解下来，恐惧的心理完全消除。但现在，我们再一次期待和平的时候，希望却幻灭了！

圣诞节早晨来临时，我们的希望仍然很高涨。上午8点我们在医院内举行圣餐仪式，9点钟，英侨为亚细亚火油公司的患者和另一个英国人举行庆祝活动，教堂内7点钟的庆祝，也照常举行，10点钟的平常礼拜也有许多人参加。城里大部分人都逃离了，我们还是有相当多的教众。

可是，当我从教堂出来走回医院的时候，我开始怀疑了。街上到处都是游荡的日本兵，他们没有任何秩序，大多数都挂着步枪，外表一点也不讨喜（行军10天左右的步兵，就是这副样子）。当我转身走向去医院的主路时，我看到一个凶恶的家伙拿着挖壕沟的工具，轻松撬着一家小店的排门，并破门而入。在马路的另一边，显然也有同样的家伙，沿着街道，从一家商店撬到另一家商店，然后整个城市的每一条街道都在上演着同样的故事——抢劫，掳掠。我们的难民营——前一天我们中的有些人还认为可能根本不需要，现在开始挤满了无数受惊的妇女和她们幼小的孩子。整整一天，飞机不断地在头顶嗡嗡作响，重炮火力也持续了几个小时，日军不断骚扰江对岸的中国人。

然后我就开始了几天非常纯粹的"牧羊人工作"（守护工作）。圣诞节晚上，医院各处的重重敲门声就使我们紧张不安。环绕医院的有些旧的入口已经逐渐废弃，或多或少被堵住了——正是这些多少被堵住的地方能让我们稍微消停下来。12月26日上午，苏达立医生和我开始四处巡视，看看是否还需要加固什么。当我们走到医院的东北角时，遇到了几个妇女，她们向我们求助——我们告诉她们去大约10分钟路程外的蕙兰中学，那里有一个红十字会的难民所。她们说红十字会难民营不肯收容她们。后来她们继续恳求，我答应领她们去。于是她们开始召唤亲戚、朋友和小孩，不断请求我这里等一等，那里等一等。我就像传说中的"花衣吹笛手"，领着一群妇孺，走街串巷，穿过大群阻止她们的日本兵，来到蕙兰中学，那里门口也有100余人喧闹着要进去。

我叫管门的中国人开门，放我带来的大约40名难民和挤在门外的难民进去。"不行，"他说，"我们这都满了。""岂有此理，"我说，"妇女们非进不可。请葛烈腾出来一下。"葛烈腾是负责这个难民营的美国传教士。他出来了，告诉我校内已经接收了大约 800 人，原计划准备接收 1000 人，所以可以让这一批难民进去。他的中国助手说，开门要小心，否则门外所有男男女女，都将一哄而入。所以我告诉大家，避难所只收容妇女和孩子，男人们必须让开，站到街的另一边去！他们服从了我的吩咐，大约 90 名妇孺被放入校内。那是我参与的第一次守护工作。此后数天内，我每天两到三次护送十几到二十名亲身遭遇的、目睹的或亲耳听到的有需要的妇孺到各个难民营去。通常医院会暂时收容他们。

  从 12 月 24 日早上起，我们不得不把外面的大门锁上，由一个外国人负责看守。开始的几天，我在赫度医生和贾乃德小姐的帮助下值班。后来贾乃德小姐成了"大力神赫拉克勒斯"，整整两周时间，她从早到晚守在大门口，决定谁能进医院，谁不能进医院。26 日上午 9 点左右，我走到医院大门，发现成群的难民如潮水般涌入医院避难。我立刻关上大门，逐个将人们分类，男的大多数叫他们出去，女的则把她们集中到前门附近的门诊讲道处，然后我领那些想去难民营的妇孺前去。当时的场景十分凄惨：大部分妇女都很穷，带着好几个孩子，有的抱在怀里，有的牵着母亲的衣角蹒跚而行，再大一些的女孩拿着无法形容的被褥、衣物和家用杂具等小包裹。我们一步一步踯躅前进，隔几分钟就需要停下来把队伍聚拢。我们慢慢走过街道，沿路遇到许多日本兵，即便这些日本兵没有侵犯或骚扰她们，但她们只要看见这些日本兵的面目，心里就禁不住泛起恐惧之情！

每天早上都有越来越多的受惊吓的妇女涌入,最大的两所难民营之一,从能容纳 1000 人到接收 1500 人再上升到 2500 人。在里面你们能看到什么样的景象!例如,在弘道女中,难民早已满坑满谷了,但还是不断有人撞击大门,乞求入内。校内,越来越多的母亲和她们稍年长的女儿,还有所有的孩子已经将整个学校占得人满为患,甚至连躺下去的缝隙都没有了。在一栋由三层楼组成的宿舍楼内,卧室、走廊、门廊、楼梯上都挤得水泄不通;这几百人的后面是一座巨大的体育馆——人们就挤在那里——一整天都坐在那里,在那里吃,在那里睡——这景象会使任何人都反对战争和战争带来的苦难。然而,难民营里的这些人还是幸运儿呢!难民又是怎样吃饭的呢?大部分人一天只吃一餐,这还是费尽周折才做到的。难民的卫生状况又如何呢?——只是依靠中国办事人员的热心奉献,以及中国妇女的明理温顺,才能够勉强忍受下去。这种情况,远不是我们原先计划的 4 天就会过去,直到今天,已经第 35 天了,妇女们仍然不能安全回家。

我们很快安顿下来过着按部就班的生活。苏达立放下医院的所有职责,利用医院的汽车或救护车,专门负责救护外面的难民。以下是他所做的事情:12 月 27 日上午 9 点,吴山罗马天主教女修道院(主日学校)报告说,日本兵闯入院里,恐吓女性难民。"广济医院能帮上忙吗?"苏达立医生和一个正在参观医院的日本军官一起前去,把日本兵驱逐出女修道院,并用救护车把妇女们送到了 2 英里外的仁爱医院。当天下午 1 点 45 分,接到罗马天主教会的电话:"广济医院能做些什么吗?"(当城市通信系统中断时,我们一直保留着电话,以我们为中心联系的还有罗马天主教堂、之江大学和我们在松木场的分院。）苏达立医生再次和一名日本军医田中医生出发，原来是一个喝醉的日本兵殴打罗马天主教梅占魁主教，并用刺刀继续威胁主教，直到田中医生把他赶跑为止。后来，苏达立医生用救护车到城市的另一头去装木柴（希望日本搜索队不会看到就"征用"它），用救护车给另一个避难所送米，用救护车给医院买煤，或者将我们送到 6 个值班地点，等等。为了这些事情，我们中的任何一个人随时可能被派出去周旋，只是苏达立医生专门负责此事。赫度医生忙着照顾医院内的诸多日常工作，高德斯太太异常忙碌地照料着许多从难民营里出来的妇女在我们医院妇产科生产的婴儿，贾乃德小姐则忙着看守大门。至于其余的学生、护士们，都有她们日常的学习还有整个医院的工作：诊疗、护理等等。受伤的士兵、平民、婴儿白天黑夜有序地进出医院。

我刚刚提到了"火警"。大家都知道医院的位置就在市中心，南侧有一条相当宽的街道，其他三面是典型的老式中式街道。在我们南侧街道的中央，有一排破旧的中式老房子，在我们西、南、北三面，有些地方是相当可怜的旧板条和灰泥建筑。我们的大部分建筑位于这样一个区域内，所以，你们不难想象，火灾对我们而言是多么可怕的事情。12 月 26 日，我刚刮完胡子，向西眺望，似乎有一抹黑烟从我家和苏达立家的房子之间冉冉升起，不久，黑烟变成火焰，医院开始拉响火警警报。我对同伴喊了一声，披上一件大衣跑了出去，发现所有的医护人员都往医院的西边跑去。跑到前门时，发现火灾发生在医院外面，于是又跑到街道的西边，看到街道的另一边有一堵 20 英尺高的围墙，而大火正烧在高墙之内。然后我们回到医院，人们开始把病人从医院的西边、苏达立家的北边搬出来，我告诉他们暂时还无必要。接着我来到了再偏北一些外国护士宿舍的三层楼上，从那里可以清楚地看到火势。我看到火势离我们越来越远，除非它穿过几道墙，再过来二三十码远，否则我们不会有危险。但如果真的发生这种情况，护士宿舍将处于极度危险之中。房屋之间距离太近了，人们几乎可以从摇摇欲坠的建筑物上伸出手去和他们西边街道另一边木制建筑物上的人握手。如果有西风和火灾，我们将处于严重的危险之中。无论如何，那个星期天我们虽然能够安然进早餐，但 8 点钟的庆祝活动，却不得不取消了！

从那时起，这座城市发生过许多次凶猛的大火，但离我们最近的只有两次。太近的火灾也会迫使我们不得不去打探其究竟发生在哪里，甚至于有一次火灾时，夜班护士觉得有必要叫醒我，让我去看一下，因为那场大火似乎太近了让她深感不安。吴慈小姐的家在我们以北半英里的地方，她所在的街道起火了两次，她不得不跑到外面草地上。

每天早上 9 点左右去难民营看望吴慈小姐（这对我来说已经成为例行公事）真是一种享受，之后我再去铁逊坚先生的难民营。早些时候，我成了那个地方的送奶工，当时送奶工不敢出门送牛奶。你可能会天天见到我，4 品脱的瓶子分别放在我大衣的侧袋里，半品脱放在胸前的口袋里——我们的祈祷之一就是每天都有新鲜的牛奶（在医院里！），希望每一天都可以看到医院内的有序生活和快乐——幼儿园、小学、中学和女子圣经学校，都按时间表运行——这是一个混乱不堪的世界中的秩序绿洲。

吴慈小姐与驻扎在难民营周围的日本兵接洽，没有遇到什么麻烦，也得到了日本兵的一些小的协助。元旦那天，我在教堂和吴慈小姐家之间的一间宿舍外看到日本兵在墙上用粉笔写着"亲爱的主教先生，祝你新年快乐"，于是在教堂门口边贴了一张向他们示好的通告！在这个不幸的城市里，这是一个令人欣慰的地方。即使那时，附近的吴慈小姐和她的助手们仍在不断地从日本兵手中拯救着妇女和女孩。自日军占领杭城以来，除搜劫全城外（据我所知，杭城没有一家住宅或店铺没有遭到日军抢劫），在许多地方，日军将马匹拴在商店和房屋之中，我们美丽的杭州很快就变成了一个肮脏、破败、淫秽的地方——妇女受到污辱的报道从四面八方涌来。难民营外受惊恐的妇女们每天都在讲述自己的遭遇。我们医院里就有许多遭难的妇女，其中有两名逃避日本兵追逐的妇女，直接从楼上窗户跳下，折断了脊骨，且有一人双腿骨折。抢劫、伤害、谋杀、强奸和纵火不断累积，整个杭城变成了一座充满恐惧的城市，只有在我们的外国人社区和难民营中才有某种形式的安全。

当局，特别是日军宪兵，确实尽力帮助我们这些"外国人"，但对整个城市来说，并没有任何帮助。在杭城的中国人，一任日本兵摆布，挣扎呻吟于日军的淫威之下。当我们有机会向日军当局提出抗议时，日军当局声称很难相信发生了这样的事情，并始终认为这些事无足轻重。

日军宪兵队工作出色，但人数实在太少。刚开始有一天黄昏，当时我刚结束紧张的工作坐下来喝晚茶时，医院的总务科长（业务经理）陈先生冲进来，他央求我去隔壁街他家帮忙，有两个日本兵正在他家抢劫。我勉强地去了。正当我们走到医院的拐角处，准备往另一条街道上拐的时候，看见一个宪兵站在自行车旁边，向几个士兵传达命令。陈先生冲到他面前，写了几个中国字，求他帮忙。

他马上就和我们一起来了。我们（而不是他！）抓住了一个还在陈先生家中抢劫的手执长柄刺刀的日本兵，记录姓名，由日本宪兵将这个日本兵押送到宪兵司令部。

当我们向日军当局提出日本兵所犯的这些罪恶行为，并敦请其注意时，日军当局就会讲出我们也曾预料到的话以示安慰，他们说："你们应该看看上海、南京或嘉兴的情形！"

这一切对我们教会的工作意味着什么，我们不能断言。属于杭州范围的三个乡村教区，如今都驻扎着日伪军。目睹了杭州发生的事情，联想到别处的情形，令人不寒而栗。到目前为止，钱塘江对岸的其他三个教区，日军还没有入侵，我们祈祷他们可以从这场浩劫中得以幸免。但是，恐怖肆虐着这片土地。在日军未占领杭州前，对于日军暴行的种种传说，我们曾向中国朋友表示，认为不足为信，现在我们不得不悲哀地承认，那些传说还不能够充分形容在杭州实际发生的恐怖情形。

在杭州，日军本来有一个极好的机会来证明其是一支有纪律的军队，在占领一座不设防的城市时，秋毫无犯。遗憾的是，日军没有抓住机会。杭城没有任何防御，城内未留一兵一卒，日军显然事先就知道了。可是，日军当局既不约束士兵，也不设法鼓励居民恢复正常生活。日军占领杭州迄今 5 个星期了，随便走到什么地方，仍能看见日本兵公然掳掠，当局不加阻止。即使是现在，也几乎没有一个女人是安全的。

说到个人，我们这些老外并无多大怨言。据我所知，只有三次攻击外国人的行径，都不太严重。凑巧的是，他们三人分属三个不同的国家。法国天主教的梅占奎主教、美国人明思德博士和从中国海关退休的英国人慕天锡先生（我们教会一位前主教的儿子，现居杭州）。对于 70 多岁的慕先生来说，日本兵的殴打很可能酿成意外的不幸结果。我们的财产还算安全，虽然实际上我们当中有人的家里被日本兵闯入，用步枪或手枪威胁。然而，这种安全仅指确有外侨寓居的财产而言。在别的地方，即便有外国的国旗、领事馆的布告、教会的布告或日本宪兵司令部的布告，都不足以阻止日本兵的侵入掳掠，就连有些地方宪兵队想帮助我们保护财产，最后也不得不放弃。日本兵自由出入这些地方，以至于我们的财产慢慢失踪不见……

日军行径

马克索伊·史密斯

（美南长老会第 19 号公告）

上述内容完成之前几个小时，我收到了明思德博士的信件。他说 1 月 2 日看见 6 名日本兵进入杭州天水堂区域进行抢劫。有 2 个日本兵帮助其他 4 个攀墙而入，他们闯进所有房屋，拿走了床上用品、衣物还有华葆仁的枪等物品。明思德立即向日本当局报告，希望他们能停止进一步的抢劫。天水堂区域共收留了 800 名难民。杭州妇女的遭遇非常惨烈，很多平民被杀害。在（之江）大学那边的山上也有日本驻军，他们与江对岸的中国士兵时常交火。

杭州被占领后两个半月：一位目击证人的证词

要想乘坐军列离开上海北部前往杭州，需要在凌晨 4 点钟起床做准备并与他们联系。旅途的大部分时间，雪都下得很急。日本军方出于礼貌给了我们三人军事通行证，还好心地分配给我们一节车厢用于存放医疗物资，物资堆得很满，直到车厢顶部。我们在成箱成捆的物资上面坐了 9 个小时，比普通客运列车时间整整多出一倍。因为风雪的缘故，车厢中间的滑门只许打开几英寸。旅程一开始，和我们坐在一起的还有 7 个日本兵和 1 个日本平民。村庄覆盖着积雪，最引人注意的景象是，从上海到杭州一线，铁路两边的田野都是已经耕种过的。那个同行的日本平民似乎饱受脚冷的困扰，我们一行人中有人送给他一双羊毛袜子，还打开旅行袋拿出一床被子给他裹上取暖。到了旅途的后半段，这位朋友和其中的 5 名士兵离开了车厢，我们和剩下的 2 名士兵分享了午餐。在途经的大部分车站，我们都看到了大量由于飞机轰炸造成的破坏迹象，破坏面积之广，不仅仅限于车站，还有和车站相邻的建筑物。

到了杭州，两位朋友带着救护车和汽车来接我们。运送物资的工作一直持续到晚上。

杭州是1937年12月24日被日本占领。我是在被占领几天前离开的，想了解一下其他地方的状况，这也成为一次意味深长的经历。我主要有四项任务要完成。第一项就是去探访圣公会医院，也就是广济医院。医院里有200名受伤的士兵，此外每天都会送来一些病人。苏达立医生病了大约两个星期，正处于康复期。之前，正是苏达立医生每天乘坐救护车去往各处从事救济和其他公共事业。高德斯主教在苏达立生病期间代理他的工作。医院里每个人都异常忙碌，既包括外国护士，也包括中国的医生和护士。尽管他们经历了一段非常紧张也可能非常危险的时期，但仍然继续以高度的热情坚持着。在被占领前，这里最初的命令是留在病人身边，除非炮火已经威胁到医院所在地，或者真的已经出现轰炸，否则不得离开。我们必须记住，在被占领前，从上海到杭州铁路沿线的大部分主要城市都遭到了大轰炸，萧山也一样，它距离杭州仅有一江之隔。所以65万多人口意识到，杭州几乎随时都有可能遭到大面积破坏。

我参观了设立于弘道女中、蕙兰中学和基督教青年会的难民营。吴慈小姐那里有一群妇女由她专人进行照顾。她们从占领一开始就与负责本地街道的一个日军军官建立友好的关系，因此没有受到任何威胁。慕小姐有一处供成人和儿童居住的场所，也由她专人照顾，没有受到骚扰。在我访问期间，教堂里大约容纳了4000名难民，大部分是妇女和儿童。在日军占领杭州期间，该教堂前后共收留了 2.3 万人；红卍字会收留了 1.3 万人。今天，红卍字会收留人数达 2700 人，红十字会领导下的教堂和红卍字会一共收留了 6700 名难民。最让人吃惊的是，我发现这些教堂难民营里，一半的食物供应都是难民们自己解决的，现在食物供给日益减少，除非条件改善，他们对外界的依赖还会大大增加。我还参观了一座位于岳庙，由中国红卍字会为受伤难民开办的医院。这是一项令人赞叹的工作，医院非常整洁，病人们看上去都能吃得饱，也挺开心。我又去参观了他们位于玉皇山山脚下的总部，那里的人员给我留下了深刻的印象，他们在进行医务工作时非常节约。除了我提到的伤员难民医院之外，他们在杭州还有 4 处难民营。

▪ 岳庙里的难民们

此外我还有幸拜访了罗马天主教使团的仁爱医院并向彭姆姆（Sister Apolline Bowlby）[1]致敬，这位女性拥有崇高智慧且对工作满怀热忱，她的行为深深打动了我。在拜访过程中，一个用人冲进来告诉我门外有麻烦，有个日本人想见我。我出去看时，发现是一个日本报纸的年轻人，他的车陷到狭窄鹅卵石路旁的泥泞里。我开着自己的车出去，试着把他的车从泥里拖出来，但是绳子断了，所以不得不把他带到市中心找日本卡车，再带着合适的工具来帮忙。我很遗憾为他所作的努力还不够，但是他却对我微不足道的帮助满怀感激。

我还有幸拜访了新来的日本领事道明辉（Domyo）。在他离开上海履任新职之前，我与他在浦江饭店进行了亲切的交谈。道明辉到来之前，我还拜访了领事馆的西野（Nishino）先生。西野先生礼数周全，在我到达后马上给我在上海的妻子打电话，告诉她我已经平安到达。

在杭州期间我还去检查了我的房子，发现受损程度比我担心的轻了很多。家具、地毯和窗帘都还完好，只是所有的物品都从抽屉和橱柜里扔到地板上。衣服，有些值钱的花瓶、字画，还有一盒相当值钱的珠宝被拿走了。浴缸也从管道上被扯下来拿走了，但是经

---

[1] 彭姆姆（1887—1942），原名 Dorothy Clerk，1877年出生于英国曼彻斯特，1913年正式献身教会事业。1926年来华，在宁波从事孤儿院工作；1928年春转任上海圣若瑟救济院院长助理，同年六七月间被任命为杭州仁爱医院院长。抗日战争全面爆发后，彭姆姆和仁爱医院的同仁们积极救助杭州难民、伤兵，她的往来信件中详细记录了仁爱医院救助伤兵和妇孺难民的经过。1942年夏被日军赶往上海集中营，不久后去世。

过藤丸先生——一位日本宪兵头目的善意努力，浴缸又被重新安装回去。在杭州的外国人对他都心怀感激，因为藤丸先生曾在很多情况下为他们提供保护。他与他手下的宪兵都在尽力维持着纪律和秩序。困难在于相比占领杭城的大部队而言，他们的数量不足以应付整个城市的状况。

至于经济情况，我发现杭州几乎就是一座死城。商店和住宅区都被路障封锁。它们中的绝大部分都遭到抢劫，家具和被褥被洗劫一空。日本人拿走了他们想要的东西之后，一些饥寒交迫的贫民也得到许可，从剩下的物品中拿走他们需要的东西。鼓楼附近有个小市场卖水果和鱼。除了少数外国人房产被强占以外，其他外国人房产都还完好。两处属于中国内地会的房产，里面的物品被抢劫殆尽。中国妇女在难民营以外的地方，都是不安全的。一天晚上，有个男人在一条人迹罕至的街上被刺伤，原因是日本兵要求他给他们找女人，他不愿也不能这么做。第二天一早我去医院时，看到另一个男人被担架抬了进来，也是因为同样的原因。前一天夜里受伤的男人送到医院后不到两个小时就死了。不难猜测，第二个男人也不会活太久。很多周边的村庄都被焚烧，因为这些地方被日军认为有游击队武装驻扎。游击队员的数量不多，他们出其不意地来到一个村庄，也许只是为了休息几个小时，在那里袭击日本军队然后又撤退，被抓住的队员寥寥无几，最遭殃的还是当地村民。有一次，一个朋友从杭州到富阳的钱塘江沿岸，发现很多村庄在熊熊燃烧，据他统计数量有 20 余个。伪政府已经成立，但是由于城里有大量军队，还不能有效发挥职能。伪政府也没有钱，因为没有税收，还要准备学校的费用，以及考虑经济生活的发展。如果生命财产没有保障，交通不能重新恢复，人们就不能指望经济复苏。也必须要承认，在某些街道上，出现了人们不受妨害自由活动的行为，但只是部分如此。除去杭州的原住人口之外，伪政府对现有人口登记入册，数量为 30 万，但是这个数字是包括缺席的家庭成员的，所以有可能杭州实际的人口在 7 万～10 万人之间。

以上提供的这些情况是公正和客观的。我并不是想表达痛苦的情感，而是希望呈现：如果城里的传教士们预料到日本人有可能占领他们所在的城市，他们就可以更明智地为不测做好准备，不仅为了保护他们的财产，也是为了照顾好难民。

1938 年 3 月 26 日

大美晚报报道

(1938年1月7日)

▶ 难民营

据报道,很多人无处躲避,几百名妇女和女孩遭到强奸,还有日本兵在残杀没能及时进入6所难民营的平民。难民营由当时在杭州的美国、英国、法国的传教士组织设立。当外面恐怖盛行之时,这些难民营为成千上万的中国人提供了庇护,虽然各营区内已人满为患,但他们不会拒绝妇女和儿童入内的请求。

▶ 传教士工作

来自杭城的新闻媒体对这些英勇的传教士不吝赞美。传教士们身处最混乱嘈杂的环境中,联合起来帮助中国百姓,几百人就这样得救了。至于食物,难民营的组织者利用了他们储备的一些物资,中国的富人也捐赠了大米、燃料等。

令人不寒而栗的是,报道中似乎还幽默地指出,蕙兰中学的"婴儿出生率是所有难民营最高的"。

对于难民营工作者的赞扬甚至超过了对他们避免暴死和其他不幸事件发生所做出的努力的赞扬。某些媒体声称有一群传教士甚至接近日本人指挥官,威胁他们除非恐怖统治立即结束,否则就把日本军队的恐怖行为通知他们本国政府。

报道中,表现特别出色的外国人有高德斯主教、苏达立医生、葛烈腾先生、万克礼博士、狄尔耐先生和富裕生先生。尤其是最后一个名字,因为他在日军轰炸正激烈之际,冒着生命危险待在室外,毫无区别地将中国人送到难民营里。神父梅占魁的行为也受到了赞美。有一篇报道评论说,因为他阻止日本兵侮辱妇女,那些日本兵拔了他的胡子。

▶ 编辑评论

我们不想用很大的篇幅来重述任何文明人都会感到痛苦的事情。但事实是,他们留下又一次杀害中国平民、强奸手无寸铁的女性、掳掠洗劫各种财产的记录。

虽然后来确实也出现了为保护外国财产设置哨兵的行为,以及为恢复中国以前的和平与良好秩序做准备的举动,但是在日本指挥官宣布的为期三天的"自由行动"里,唯一能体现出有组织的外国人的功劳的，应该是美国、英国和法国传教士的 6 所难民营对难民的英勇保护。日本人肆无忌惮地对中国人为所欲为，一位法国神父本人也因为保护在他那里避难的中国妇女不受日本士兵侮辱，而遭致肉体上的暴凌。

女性被强奸，杭州城遭到洗劫，外国难民营人满为患

居民逃离城市，躲进山洞；男人被抓获，杀害；女性遭到凌辱；外国媒体发表声明；抗议后秩序得到恢复。

▶ 传教士战争救济工作受到盛赞

迟到的外国代表在浙江省会被攻陷后指出：中国著名风景名胜城市杭州因醉酒的日本兵而成为恐怖之城。日本兵劫掠商店后喝酒庆祝，酩酊大醉，肆意杀害平民，强奸妇女。

中国人通过钱塘江大桥从城里撤退，该桥在12月23日下午被炸毁。日本兵12月24日上午进城，他们成群结队走在城市的大街小巷。沿街行进时，每队士兵都令一个中国平民走在最前面，胸口

别着一张布告。布告敦促杭州城内的中国人"不要害怕"。

▶ 狂欢开始

当城市被最终占领,日本司令部宣布为疲惫不堪的士兵提供为期三天的假期。兴高采烈的士兵开始了他们的狂欢。他们洗劫商店,喝得大醉,冲到街上寻欢作乐。看到日本武装部队潮水般向他们袭来,中国平民逃到城郊,或者躲到地窖、阁楼以及秘密的洞穴。

但是很多人无处可逃。报道说,成百上千的女性遭到日军强暴。许多日本兵残杀没能及时进入 6 所难民营的平民。难民营由当时在杭州的美国、英国、法国的传教士组织设立。当外面恐怖盛行之时,这些难民营为成千上万的中国人提供了庇护,虽然各营区内已人满为患,但他们也不会拒绝妇女和儿童入内的请求。

来自当时在杭外国人的信件中特别提到了,每栋中国政府的建筑都遭到洗劫,包括浙江大学,连美国学校也未能幸免。日本人用卡车和牲畜来运送抢劫的财物。另据报道,中国苦力也被强迫服役,运送劫掠品。

……

▶ 中国抢劫者

26 岁的加拿大人 L. K. 布朗刚从杭州回来,在今天下午接受大美晚报采访时说,在日本兵进城前,有些中国人就开始哄抢,从食品店开始。他指出，等日本兵进城时，这些人就停止了这种行径，他们只对中国人的产业下手。而日本人甚至连外国人的财产都抢。

布朗注意到，日本人的活动对他们的信誉没有任何帮助，但他也说自己在返回上海的途中受到了优待。布朗还特别指出日本人对他的中立立场很有信心，旅途中没有给他设置任何阻碍，并且提供交通工具等便利。现在他想送些食物和其他必需品给在杭州的外国人，因为他们处境相当艰难。

▶ 外国援助

最近，他接着说，经与日本人协商，在杭州城内成立了一个外国机构。这样做的目的是帮助外国人处理相关（难民）事务，特别是关于这些人的困境问题。他说这样他们夜晚也可以走在街上，难民们和他们在一起就不会被骚扰……[1]

再回到来自杭城的外国报道，这些声明称日本人在元旦上演了一场胜利游行，从城里一直到难民营。部分街道经过装点，小树上的太阳旗帜按照年份排布。据说中国人看到全副武装的日本兵吓坏了，但是他们没有受到攻击。

1　原报纸有残缺。

▶ 招募用人

后来，几个健壮的男人被带走充当日本军官的用人。其他人，不管之前雇主是何人，一律被强迫加入修复沪杭铁路的劳工队伍中。

总而言之，外国的报道，包括布朗先生的特别说明，尤其是关于杭州的最新描述，似乎已告一段落。布朗先生甚至宣布杭州的未来会更好。

譬如杭州

"让公共租界成为更安全的居住地",日本当局提出令人惊讶无比的建议,提议日本人更多地参与到"上海市政公署"和警察部队的建设中。

这些提议并不是基于日本在军事上战胜了其在公共租界管理方面的其他国际伙伴。它的不合理性显而易见,其中甚至还强调了安全因素。

冈本总领事还自以为是地指出"市政公署""效率低下",并宣称日本远征军认为我们的"市政当局""缺乏诚意或能力",无法满足日本在城市管理方面的严格要求。另外又指出,他对最近发生的涉及日本人的事件表示"深切忧虑和遗憾"。

日本在中国任何地方的记录是否有任何证据支持这样的观点:训练有素、经验丰富的上海市政警察在维持和平方面不如日本武装部队？考虑到长期以来日本政治家在日本被暗杀的记录，我们可以扩大调查的地理和政治范围（但是这几乎没有必要）。我们认为，即使抛出这样的问题，也可以在任一国籍的公平人士心中得出答案。但我们将更进一步，引用最近杭州这座城市的例子。

据刚刚收到的报道，充分的事实在全世界证明，日本人到达杭州意味着又一次强奸和抢劫狂欢的开始。这并不是中国人造成的，是日本人的军队在掠夺。最好的说法是，"这里并不像在南京发生的那样糟糕"。

日本军队喝着从商店里抢劫的酒，彻底地为所欲为，逍遥法外。他们一进城就抓住平民，让他们胸戴布告牌沿街游行，布告牌上写着让杭州的人民"不要害怕"。但是随即发生的事情让他们的保证成为谎言。那些跑得快的百姓藏身地窖、阁楼或者秘密的洞穴中。但不幸的是，并不是所有人都能跑得很快。

有一个细节与日本人对权威和文化的尊重有关。包括浙江大学在内的每栋中国政府大楼和学校都遭到了抢劫。美国的学校也没有因为它是外国人所有而得以幸免。抢劫是有组织的，抢劫来的财物用卡车或牲口运走，还有部分搬运工作是强迫中国苦力完成的。

冈本先生指责上海市政警察的工作效率。但是正是这些所谓"低效"的警察，实际上在保护他们管辖范围内所有国家的人民（包括日本人）方面做了最杰出的工作。

冈本先生曾说，"上海市政公署""缺乏诚意或能力"。那么杭州的日本司令部近期有没有在保护杭州平民方面展现出任何这种品质呢？

冈本先生对这里发生的涉及日本人的事件，表示"深切忧虑和遗憾"。至于我们曾记录下的某些忧虑和遗憾,它们要更适用于杭州反抗日本武装的情况,而不是在上海对抗世界上最有效率的警察。

我们都希望租界成为每个人都可以居住的安全地带,日本人并不是唯一持这种想法的人。但是基于在杭州和之前南京发生的事情,以及根据对其他事情的回忆(包括 1932 年在完全由日本控制的地点发生的虹口爆炸事件),我们非常肯定地说,日本没有任何理由借口保护自己或其他任何人的安全,而意图更多地参与到"上海市政公署"和警察部队的建设中去。

我们不想把日本兵的暴行扩大化,也意识到,随着时间的推移,日本占领区的军队无疑会有更好的纪律和控制。但是我们也要说,毫无疑问,没有任何理由可以证明日本人在他们的阵地上可以处理得很好,在维持和平方面可以与"上海市政公署"、警察相媲美。

现有情况下,上海是一个外国控制的现代岛屿,是一个饱受战争创伤的国家的中心。我们认为,日本在目前这种不正常状态下更多地参与管理工作,只能带来更多麻烦。

彭姆姆书信选[1]

在1937年10月10日的一封信中,彭姆姆这样描述:

你一定听说了过去两个月以来发生的悲惨事件。大量日本飞机频频造访,但所幸他们只轰炸了离这里大概10公里的机场。机群经常从我们花园上方飞过,大多数成员(受庇护者)焦虑不安,但还未至于恐慌失措。感谢上帝,我们的中国修女总是很冷静尽责。

我们有110名受伤的士兵,加上其他的所有工作,使我们

---

[1] 本部分资料来源于《一位仁爱修女(彭姆姆)在战时中国》[*A Sister of Charity in China (Sisiter Apolline Bowlby) during the wars, 1926—1942*, London: St.Vincent's, 1946)]。

彭姆姆，1926年9月8日
赴华前夕摄于法国巴黎

非常忙碌。他们现在都在康复中，但当他们今天下午来到教堂时，看到这些优秀的年轻人身体遭受严重摧残，真是令人同情。有些人截去了一条腿或一只胳膊，还有一些人因为骨折打上了石膏。战争是一件极其残酷的事情。不过我又欣喜地想到，我很快就能（我希望并相信）享受到天堂永恒的和平。

与此同时，我们正在尽最大努力帮助贫穷的中国与拥有压倒性优势的敌人进行斗争。士兵们非常勇敢并渴望再次回到战斗中。

我们的学校受到战争的严重打击。三分之一（20万）的居民已经撤离杭州，这里的孩子大多数都不是出身赤贫之家（那些人不得不待在破败的小木屋里），他们和父母已经逃到了山上，相比较而言，面对空袭和可能的入侵，他们在那里可能会感到更安全些。我们这只有50个孩子，而不是400个孩子，所以就把工作人员裁减到只剩2名教师，学校里只保留3个班级。我们的女校长，6年前在这里受洗。政府出钱照料士兵，我们有很多获赠物资，床架、床垫、被子和许多其他东西。新教徒和异教徒以及天主教徒都提供了帮助。战争团结了所有人的心。

……我不知道这封信什么时候会送达您处，但我们正生活在如此焦虑不安的时代，我知道您定会渴望得到消息。几个星期以来，我们一直住在一个被弃置的区域，等待日本人到来。由于市政府和省政府的所有成员都撤离了，所以成立了一个国际委员会，由新教医生、我们的主教，还有基督教青年会和大约20个中国人组成。委员会决定，当形势变得危急时，开设9个避难所，因为我们的病人很少，我同意接收100到150名难民。圣诞前夕早上6点30分，消息传来，日本军队的先遣队在两英里外的武林门。他们非常安静地进了城。守城的极少数正规军和所有警察在前一天撤离了城市，所以日本人没有遭到任何形式的抵抗，除了几声枪响和飞机的偶然露面之外，没有什么"可担心"的。然而，难民开始涌入。我们把学校变成了一个难民营，在地板上放了稻草，他们自己带了被褥……我们一天两顿饭，两碗米饭和一小块非常浓稠的液体奶酪，用茶来就着吃下去。他们为这种级别的待遇买票付钱，一个大人住5天6元，孩子3元。医院里还有更好的，每天6元。10到12个人挤在很小的房间里。恐怖情绪是普遍的，并非没有道理。

26日苏达立医生来拜访了我们。他陪着日本宪兵队的藤野，藤野把他的名片给我，告诉我不要让任何日本人进来。大量日本兵正在进城，当然，当局不能对每个人的行为负责。其结果是，我们的医院、学校、药房和各种附属建筑物中有1300多名难民，几乎全都是受到惊吓的妇女和年轻女孩。

▶ 12 月 28 日

昨晚我刚睡着，就被告知门口有一辆汽车，车里是日本兵和苏达立医生。日本兵走进房子里，就惹了麻烦，我们决定派一个守卫。我把守卫安置在咨询局里，带来了暖和的被子和保温瓶，因为天气很冷。当我跑回房子里时，我们宅区两旁的天空都红得耀眼，那是被每晚都在周边燃烧的大火映照而成。圣母在保护我们。

今天下午我经历了一件悲惨的事件。一个可怜的中国男孩把日本兵带到门口，并设法自己也进来了。日本兵想从我们的难民中接走妇女和女孩，并告诉门卫如果我们不让这些女人走，他晚上还会回来。日本兵把男孩带进了房间，又派我去决定他的命运。他的名声很差，我不敢让他走，但我求守卫打他几下就好，不要杀害他。他们把他带走了，在离我们几码远的地方，男孩跳进了一个池塘里，守卫开枪打死了他。这种暴力的无奈结局，我感到很痛苦，但我必须保护所有这些可怜的女人。

▶ 1938 年 1 月

一个悲伤的新年。我们觉得好像生活在一出闹剧中。我们收到一些含糊的报道，说欧洲局势非常动荡，但这里已经 4 个月没有收到信件或邮报了。我已经习惯了，但又确实渴望得到你的消息。如果事情不是这样，现在我应该在海上回家的途中了。永恒如此漫长，而生命又如此短暂。我可以做出巨大的牺牲，恐怕今年是很难见到你了。

约翰·康威神父，一位生活在杭州附近多年的传教士神父，在简短的赞赏彭姆姆和她的工作的文字中，写道："1937年圣诞节，杭州被侵华日军不费吹灰之力攻陷。数十万市民、市政当局和治安部队已经逃离。留下来的人由于恐惧而失去理性，为了寻求安全，他们闯入传教区，希望能托身于中立旗帜的保护之下。"在这种情况下彭姆姆毅然挺身而出。她开放了医院广阔的场地和建筑物，并将5000多名男女老少纳入安全地带。大部分人都带了些食物来度过这段艰难的日子，直到日本军队停止掠夺，安顿下来；但是对于那些一无所有的人，彭姆姆会从医院的供给里给他们提供食物。这种困顿的局面持续了很久。但彭姆姆控制住了局面，赢得了所有人的敬佩。她只要出现在难民群中，就能平息争端，消除恐惧，唤起希望。

几天之内，日本当局就去了这家医院，对那里的情况一目了然。他们不禁对医院的出色工作表示钦佩，并承诺保护医院及其工作。

几个月过去了，下层人民的苦难由于工业和商业的凋敝而愈演愈烈。美国红十字会以及"拯救儿童运动"利用各种传教团体分发救济品，在这项工作中彭姆姆再次创造了慈善奇迹。

医院园区的另一部分用栅栏围起来，在这块空地上搭起了小木屋，收留了四五百名儿童，他们每天都能得到食物和教育，从而避免受到战争的侵害。这项事迹深受杭州市民的推崇。在英日开战后，所有外国资产被冻结，彭姆姆的地位也从中立国人士变成敌对的外国人，城里的某些绅士为了不让该项目停止，他们自己承担了所有的费用。

1939年5月，在杭州的法国残疾修女玛德琳·肖维（Madeleine Chauvet）在信中写道：

你一定想知道我们亲爱的修女（彭姆姆）和她的工作的消息，尽管在困难时期，她的工作仍然在蓬勃发展。如果威廉姆斯夫人看到她自1933年访问以来事业的发展，一定会非常惊讶。

要做到这一切，苦难一定是在所难免的。我们非常担心修女的健康。去年安排的欧洲之行本来应是休息和调剂，但上帝要求她作出这个巨大的牺牲。她应该多照顾自己，但这真的很难，因为总是有新的工作不断出现。

1月份，她为饥饿和贫困的儿童承担了一项新的工作。这项工作由富裕的中国绅士提议，他们只负责提供所需费用，而

▇ 彭姆姆与孩子们

将整个管理和组织工作留给修女,现在她正在建造一座房子,里面要容纳400个儿童。他们可以在此吃饭,下午女孩子学习缝纫,男孩子学习手工,他们也被教导去爱主。

中学教育也在发展,彭姆姆正在筹备增加第三年的课程,这就可以让那些先来的孩子再在这里多待一年。这项工作也需要再建房屋,因为原有建筑面积太小。需要多么大的力量和精力来组织这一切!我总是对自己说:"下一步该怎么办?下一步该怎么办?"现在还有一个护士培训学校的问题,她希望明年开办。

现在的境遇是非常糟糕的,但是当情况最糟糕的时候,上帝总是来救援。在我们周围只有贫穷和匮乏;战争进行得越久,一切就变得越糟。这是修女的痛苦啊!但她对圣心有绝对的信心,圣心从来没有辜负过她,而且总是会来帮助她。

1940年整年与中国的联系都极不规律。很多信件无法到达收信人处,到了1941年底通信就完全中断了。

彭姆姆的最后一封信是在1941年圣母升天节从杭州写来的:

你可能听说我已经变成了一个老家伙。风湿病让我跛得厉害,所以不得不被抬上楼梯和绕着房子走来走去视察各个办公室的工作。不要为我的这次试炼感到遗憾,这可能是暂时的。相比较于个人微不足道的活动,还有什么比痛苦和祈祷——能够与我们神圣的主合作去拯救灵魂——而更有效的方式呢?太感谢了!我的小十字架并不能妨碍我的工作,除了绕着房子转,我每天在办公桌前待好几个小时。我发现工作确实非常繁重——与其说是工作，不如说是干扰，让我无法继续进行所有我分内的写作、打字和账目整理。我尽量保持平静，但是，唉！老年人经常会在起床的时候表现出急躁、不耐烦的本性。今年天气很热，但也不是不能忍受。现在夜晚凉爽了，我非常感谢所有亲爱的同伴们如此努力地工作，而不眠之夜应该就是为一天非常辛苦的工作所做的非常糟糕的准备。

我们有600多名儿童和120名病人，还不包括门诊病人，人数真是数不胜数。付钱就医的病人很多，这是天意。因为一切都很昂贵，很稀缺。你几乎无法相信我每天早晨跪在祭坛前的痛苦，我祈祷我们日用的饮食，今日请赐给我们。我们在学校里奔走，想看看能不能再多容纳一张床和一个洗脸架，因为我们有很多新生。我们的中学生需要一幢足够大的建筑，但建筑材料现在是绝不可能到手的！我确信上帝会为我们打开一扇我们从未想到过的窗。

▶ 最后的离别

1941年10月以后，我们有15个月没有彭姆姆的消息，直到最后一次最沉重的打击降临：彭姆姆永远离开了杭州她所爱的人们。她写信给她的姐妹：

> 我的手提包已经打包好，一盒饼干和一个保温瓶准备好了，准备归还给你！！！现在，在最后的时刻，我听到了我们的孩

子和穷人的祈祷、弥撒和九天祷告，但是我却不能去！你会理解我的感受！一方面我非常渴望能再见你一面；另一方面我可怜的、亲爱的信仰共同体大家庭，他们紧密地依靠着我。我感到面对目前所有的痛苦和困难，我有责任回绝遣返事务，事实上我认为我目前无法完成长途旅行。我的健康状况不佳已经有一段时间了，但除了过度疲劳和年事已高，我没有更令人担忧的疾病了。

当我离开时，我们可怜的孩子、老师和修女们的悲痛，你看了也一定会非常感动。将近100人冒着酷暑往车站走去，到了医院，我上了一辆日本人派来接我的汽车，一阵阵抽泣声传来，我的心异常痛苦地紧缩着。修女们很高兴我不是回老家，所以这是一点小小的安慰，但你会理解我内心是多么渴盼再见到你。我知道，上帝会给我们一些巨大而持久的喜乐，以回报他未曾赐予的那短暂的快乐。

在杭州，我们正在奋勇向前。我们有几位慷慨的捐助者，还有自费病人维持着医院的运转。学校仅有一小笔欠款，我想是有能力偿还的。所有在杭州的人们都在祈祷我的回归，也许会发生奇迹。

要是我能收到家里的消息就好了！已经有一年多没有收到过信了。这封信将由康威神父转交给你。他会告诉你我们的生活条件是多么可怕和残酷。今天我们学校的校长来看我。他说每天都要从街上收殓300多具尸体。日本人把食物的价格定得那么昂贵，穷人连糠都买不起。他们希望看到穷人死，还说中国的人口太多了。这真的是对中国人的大屠杀，但所有人都无能为力……哦，我们多么渴望听到祖国胜利的消息！这是我们唯一的希望。

这是彭姆姆的最后一封信。它是由康威神父带到英国的，在转发时他写道：

我将简要地叙述一下我和彭姆姆修女的遭遇，因为我是教区里唯一的英国人。1941年12月1日战争爆发，把我们从中立国变成了敌对国人士。我们在日本占领的土地上生活了5年多。日本指挥官是一位绅士，尽量在杭州为我们提供方便。

修女一直工作得非常出色。除了负责总是忙碌的医院事务外，她还开设了一所中学，受到了市民的推崇赞赏，也极大地提高了使团威望。监督运营所有这些工作，让可怜的修女付出了很多。她患有关节炎，用"受难"这个词来形容她非常合适。因为有时她非常痛苦，所以工作时不得不坐在椅子上被抬来抬去。在她的办公室里，有一把特制的高脚椅，而出席圣餐礼时，她还有一块很高的跪垫。另外修女还患有"口炎型腹泻"（一种极度消耗体力的肠道疾病），因此她吃得很少，总是衰弱不堪的样子，让所有看到她的人都心生怜惜。

去年4月，我在杭州以南80里的湖州履行使命。在那里我始终由军队护送，一直到7月27日被迫离开。我每周去看望修女，常常一周去两次，她的仁慈我永远不会忘记。我非常钦佩她从事的工作。一直以来，修女都过着高尚的精神生活，听她谈论上帝和灵魂是多么美好的事情。

政治局势发展到危机最终来临。6月,所有生活在日本占领区的美国公民都被下令遣返。7月,轮到英国人了。我们有理由相信彭姆姆修女和我本人会是个例外,因为所有的牧师使徒都由教皇代理人派遣,根据罗马教廷和日本驻罗马大使之间的协议,天主教传教士不会被遣出中国。当英国人撤离杭州的命令下达时,我们的主教在法国部长的帮助下向日本当局提出抗议,但徒劳无功。日本人回答说,他们并没有把我们送出国,只是送到上海,事实上我们的名字并没有出现在遣送名单上。

于是,在7月底炎热的天气里,尽管她身体衰弱,尽管她为病人、难民、教育做了大量重要工作,她还是怀着顺从的精神放弃了上帝的意志,彭姆姆修女的所有行为都秉承着这样的特点,她乘火车去了上海。

日本当局已经下令不允许有"送站",所以没有兄弟传教士陪同我到火车站。当我看到十几位修女还有上百人聚集在彭姆姆修女所要乘坐的车厢周围时,我的惊讶程度可想而知。这一幕真挚动人,一定令修女心碎,她从泪水中露出微笑,深情地告别了所有的人。在去上海的半路上、在嘉兴,同样的场景也上演了。修女们和很多受她们照顾的民众连续三四天从杭州赶来,就是为了能看到彭姆姆,向她致敬,并表示他们的爱意和感激。在上海,由两位从总部来的修女迎接我们,修女被送回了家。"作为你血缘和宗教信仰的姐妹,我向你祝贺。你是一个'贵族',如果你是一名士兵的话,将会获得巨大的荣光。"

约翰·康威

后　记

　　大约从 2010 年开始，因为专业研究关系，我去了美国明尼苏达大学，探访该校图书馆特藏基督教青年会档案，当时带着两项任务，一是查阅一战华工扫除文盲档案，二是整理杭州、宁波青年会档案。在查阅资料过程中，逐渐发现并聚焦于青年会与中国抗战档案文献，其中杭州青年会中外干事费佩德、朱孔阳、邬式唐等的有关杭州沦陷前后的难民救济材料，引起了我的兴趣。回国后，我曾撰写《我们的抗战是很有办法——青年会与浙江的抗战救济研究》（刘义章、张云开、陈智衡主编：《国不攻打国——战争与和平史学论集》，香港建道神学院，2019 年，第 87—109 页）一文，予以专题探究。

　　2014 年前后，我有机会到美国查阅基督教在杭州传播史档案。此次出行最大的收获，系在哥伦比亚大学协和神学院伯克图书馆发现一份题为"杭州，1938"的卷宗，收录了当时在杭州外国人有关日军在杭州暴行的日记、书信和报告等，其数量大大超出田伯烈 1938 年出版的《外国人目睹中之日军暴行》一书（收录一份外国人有关日军在杭州暴行日记），十分珍贵。回国后，我首先将这批档案用于杭州市档案馆主办的"历史的见证：杭州市抗日战争档案史料展"，其中一份证词收录在《历史的见证：杭州抗日战争档案史料辑录》（浙江人民出版社，2017 年，第 172—176 页）一书中。这个卷宗，现译出，作为本书下篇。

从 2016 年开始，我开始与杭州市档案馆合作"境外馆藏杭州档案文献搜集整理"项目，再次来到美国东部查阅相关档案。在费城长老会历史档案中心，查到大批外国人与杭州抗战档案，其中最宝贵的是驻鼓楼堂牧师万克礼及其家族的档案。万克礼将 1937 年 12 月 23 日至 1938 年 2 月 2 日期间经历的杭州沦陷史以日记形式逐日记录。其日记有关杭州沦陷前一日老百姓逃难、钱塘江大桥炸毁、12 月 24 日杭州沦陷、12 月 25 日开始的日军暴行以及在杭州外国人救助伤兵、难民和与日军周旋等史实，完整再现杭州因日军侵略从天堂沦为地狱、民众苦海求生、日军残暴伪善、外国友人的人道主义救助与抗日细节。这部分日记译出后作为本书中篇。

2019 年暑期，我再次前往英国，重访伯明翰大学吉百利图书馆特藏部，查阅英国圣公会杭州广济医院档案及英国圣公会与近代中国麻风病救治档案。其中，抗日战争时期担任杭州广济医院、广济麻风病院院长的苏达立，是我此次调研的重点对象之一。苏达立于 1928 年接任谭信担任广济医院院长和广济麻风病院院长。抗日战争时期，尤其是抗日战争全面爆发后，苏达立作为国际红十字会杭州分会和红卍字会杭州分会总干事，与在杭外国人一起，竭力医治从淞沪战场撤下来的伤兵、救治汇聚到杭州的难民、维系广济麻风医院正常运作、与杭州日伪交涉等。太平洋战争爆发后不久，苏达立被投入日军集中营，先后被关押在上海和丰台等地。1945 年抗日战争胜利后获得自由。为纪念这段经历，苏达立于 1948 年出版了回忆录《从广济医院到集中营》一书，重点记录了他在抗日战争全面爆发后的所见所闻。在访英期间，我购买到苏达立亲笔签名的这册回忆录，现在将之全文译出，作为本书上篇。

2020 年我申报通过国家社科基金重大项目"中国麻风病隔离防疫史料整理与研究（1368—1978）"，开始系统梳理曾举办过麻风病救济事业的在华教会医院。对于杭州广济医院和仁爱医院的资料进行专门收集、整理和研究，在香港浸会大学图书馆特藏部找到曾任仁爱医院院长彭姆姆的传记《一位战时在华的仁爱修女（彭姆姆）》，于是委托孙炜博士将彭姆姆的杭州抗战记忆部分内容译出，收入本书。

2022 年 6 月，暑假即将开始时，我在校对本书译稿时，想起田伯烈《外国人目睹中之日军暴行》中文版中收录了一位不署名的"外侨"撰写的有关杭州日军暴行记录。等到阅读完这本由杨明翻译、自 1938 年 7 月以来已经有大约 5 个版本的、第一部由外国人撰写的揭发南京大屠杀证据史料集时，我对其中杭州部分的翻译不太满意：一是广济医院译成了广慈医院；二是几位重要的外国人的中文名全部译错；三是中文版是节译，并非全文翻译。故找来 1938 年 6 月在英国和美国同时出版的英文版《侵华日军暴行实录》（*Japanese Terror in China*），请孙炜博士将其中杭州部分全文译出，并参考杨明译本，作了一些校对。通过考证，才知道田伯烈书中的杭州部分，系 1938 年 1 月英国圣公会驻浙江主教高德斯寄给友人的一封长信的摘录本。从这封信来看，所谓的友人，可能就是田伯烈。现以高德斯书信中的日军杭州暴行记录为小标题，收入本书。

由此，本书由苏达立回忆录、万克礼日记和高德斯、明思德、费佩德、彭姆姆等书信报告等组成，以外国人的杭州抗战记忆为主旨，揭露在杭外国人目击之日军杭州暴行。本书的编辑出版，源于 2019 年与浙江古籍出版社的合作。

浙江古籍出版社近年致力于民国时期历史与文献的整理出版。2019年该社出版杭州蕙兰中学校长葛烈腾回忆录《人间世》，是抗战主题出版物的第一种。在参加该书首发式时，该书责任编辑和我初识，并初步约定第二种为翻译杭州广济医院院长苏达立回忆录《从广济医院到集中营》。2020年初，项目正式立项。我邀请杭州师范大学人文学院孙炜博士共同完成。由于苏达立回忆录篇幅较小，经过商议，聚焦于杭州沦陷前后外国人的抗战记忆，故将我从美国哥伦比亚大学、费城长老会历史档案中心搜集、整理的《万克礼日记，1937.12—1938.2》和《杭州，1938》两份文献一并编入，定书名为《杭州，1938：海外档案中的日军侵华罪证》，以此纪念全面抗战爆发85周年。

本书译校中最大的困难是外国人对应的中国名字、中国地名及人名"威妥玛"拼法的回译。例如，"翟培庆"的威妥玛拼法是"B. C. Dih"，很容易出错。本书中，I. Dzen、old teacher Dzen、K. I. ZDEN、Dzen Kyi San、Dzen Kyi Sen、Kyi Sen让我们困惑许久，经考证，才勉强认为I. Dzen或许为杨佚，old teacher Dzen是陈牧师；K. I. ZDEN是陈鉴良，是梅滕更时代的院务秘书，苏达立时代的总务；Dzen Kyi San可能是陈厚生，他与广济医院梅滕更、苏达立都有比较好的交情，其名字是从1927年谭信写给国民政府外交部特派浙江交涉员赵文锐的《节略》中查到的，该《节略》称1917年开始陈厚生向广济医院每年捐镁硫铅酸448磅。而Dzen Kyi Sen或Kyi Sen是葛烈腾的厨师，音译为"陈齐生或齐生"。书中外国人的中文名字，我们参考了黄光域编《基督教传行中国纪年（1807—1949）》（广西师范大学出版社，2017年）等资料；对于未能确定中文名称的部分人名、地名，采取了音译甚至原文呈现。尽管我们已经尽力译校，但肯定仍有错谬，如能蒙读者诸君指正，定在修订时改正。

本书出版，杭州市档案馆提供了珍贵的馆藏档案资料，并得到档案馆"境外馆藏杭州档案文献搜集整理"项目资助；同时本书也是我承担的国家社科重大项目"中国麻风病隔离防疫史料整理与研究（1368—1978）"（项目号：20&ZD223）的阶段性成果。杭州沦陷后广济麻风医院的艰难维系，端赖这批在杭州外国人的努力。感谢香港浸会大学马郝楠博士代为查阅彭姆姆的传记；感谢我的同事孙炜博士，她是英文专业出身，做事细腻，保证了译文的精准；感谢浙江大学丁光博士，帮助解决了本书几位传教士的中译名字。

周东华
2022 年 6 月 13 日
2022 年 7 月 3 日

从来好事多磨折。本书从选题到立项到译校出版，前后 6 年。2020 年纪念抗战胜利 75 周年时正式立项，计划于 2022 年正式出版，以此纪念杭城沦陷 85 周年这段困难岁月。到 2022 年年中时，万事俱备，只欠东风。然而，东风不与周郎便。等待出版又历时 3 年。山重水复疑无路，柳暗花明又一村。在抗战胜利 80 周年纪念之际，本书终获出版。读书本意在元元。维护正确的"二战史观"，通过"在杭州的西人"集体记录的"日本军国主义罪行证据和史料"，实证侵华日军在杭州的暴行。

谨以此书纪念中国人民抗日战争胜利 80 周年。

周东华
2025 年 5 月再记

图书在版编目（CIP）数据

杭州，1938：海外档案中的日军侵华罪证 / 周东华编校；孙炜译；杭州市档案馆编. -- 杭州：浙江古籍出版社，2025.7. -- ISBN 978-7-5540-3317-3

Ⅰ. K265.606

中国国家版本馆CIP数据核字第2025WD0409号

杭州，1938：海外档案中的日军侵华罪证

周东华编校 孙炜译 杭州市档案馆编

出版发行	浙江古籍出版社
	（杭州市环城北路177号 电话：0571-85068292）
网　　址	https://zjgj.zjcbcm.com
责任编辑	黄玉洁
责任校对	吴颖胤
责任印务	楼浩凯
照　　排	杭州立飞图文制作有限公司
印　　刷	浙江海虹彩色印务有限公司
开　　本	880mm×1230mm 1/32
印　　张	8.25
字　　数	200千字
版　　次	2025年7月第1版
印　　次	2025年7月第1次印刷
书　　号	ISBN 978-7-5540-3317-3
定　　价	80.00元

如发现印装质量问题，影响阅读，请与本社市场营销部联系调换。